Governança Corporativa e *Compliance* nas Empresas Estatais

Lumen Juris Editora

www.lumenjuris.com.br

Filiais

Sede: Rio de Janeiro
Rua Octávio de Faria - nº 81, sala 301 –
CEP: 22795-415
Recreio dos Bandeirantes – RJ
Tel. (21) 3933-4004 / (21) 3249-2898

São Paulo (Distribuidor)
Rua Sousa Lima, 75 –
CEP: 01153-020
Barra Funda – São Paulo – SP
Telefax (11) 5908-0240

Minas Gerais (Divulgação)
Sergio Ricardo de Souza
sergio@lumenjuris.com.br
Belo Horizonte – MG
Tel. (31) 9-9296-1764

Santa Catarina (Divulgação)
Cristiano Alfama Mabilia
cristiano@lumenjuris.com.br
Florianópolis – SC
Tel. (48) 9-9981-9353

RODRIGO DE
LIMA LEAL

Governança Corporativa e *Compliance* nas Empresas Estatais

Editora Lumen Juris
Rio de Janeiro
2019

Categoria: Direito Empresarial e Comercial

Produção Editorial
Livraria e Editora Lumen Juris Ltda.

Diagramação: Rosane Abel

Impresso no Brasil
Printed in Brazil

CIP-BRASIL. CATALOGAÇÃO-NA-FONTE

L435g

Leal, Rodrigo de Lima.
Governança corporativa e compliance nas empresas estatais como decorrência dos princípios da administração pública / Rodrigo de Lima Leal. – Rio de Janeiro : Lumen Juris, 2019.
172 p. ; 21 cm.

Bibliografia : p. 151-158.

ISBN 978-85-519-1164-8

1. Direito empresarial. 2. Direito comercial. 3. Governança corporativa. 4. Administração pública. 5. Empresa pública. I. Título.

CDD 346

Ficha catalográfica elaborada por Ellen Tuzi CRB-7: 6927

Para os de sempre,

Laura e Egídio,

Rubens, "Beto" e "Ença".

Pais e irmãos,

Meus primeiros juízes e advogados.

Sumário

Lista de abreviaturas

Art.	–	artigo
BNDES	–	Banco Nacional de Desenvolvimento Econômico e Social
Bovespa	–	Bolsa de Valores do Estado de São Paulo
CC	–	Código Civil
CEO	–	*Chief Executive Officer*
CFO	–	*Chief Financial Officer*
CGO	–	*Chief Governance Officer*
CII	–	*Council of Institutional Investiors*
Cobra	–	Computadores e Sistemas Brasileiros S.A.
Correios	–	Empresa Brasileira de Correios e Telégrafos
CRFB	–	Constituição da República Federativa do Brasil
CSN	–	Companhia Siderúrgica Nacional
CVM	–	Comissão de Valores Mobiliários
CVRD	–	Companhia Vale do Rio Doce
Embraer	–	Empresa Brasileira de Aeronáutica S.A.
IBCA	–	Instituto Brasileiro de Conselheiros de Administração
IBGC	–	Instituto Brasileiro de Governança Corporativa
IBGE	–	Instituto Brasileiro de Geografia e Estatística
IBRE/FGV	–	Instituto Brasileiro de Economia
OCDE	–	Organização para a Cooperação e Desenvolvimento Econômico

Petrobras	–	Petróleo Brasileiro S.A.
PIB	–	Produto Interno Bruto
SEC	–	*Securities and Exchange Commission*
Telebras	–	Telecomunicações Brasileiras

Prefácio

A obra "*Governança Corporativa e Compliance nas Empresas Estatais*", de autoria do professor e advogado Rodrigo de Lima Leal, é um dos trabalhos realizados dentro do Programa de Mestrado e Doutorado em Direito Privado da Pontifícia Universidade Católica de Minas Gerais.

Esta obra, a meu juízo, é importante por três razões, dentre outras, que destaco.

Em primeiro lugar, pela escolha do tema, pois, no domínio do direito empresarial, a governança corporativa – e, em particular, a questão do *compliance* – é, sem dúvida, uma das matérias que mais tem interessado nossa doutrina e, simultaneamente, uma das que mais debates têm levado à comunidade jurídica.

A governança corporativa e o *compliance* são frutos dos usos e práticas que progressivamente vem aumentando no direito brasileiro e mundial.

A governança corporativa e o *compliance* se justificam pela profissionalização e especialização das atividades, ou seja, cada atividade necessita de profissionais que conheçam as características e técnicas das empresas que gerenciam e ainda atuem, no mercado, de forma ética.

O legislador brasileiro através da Lei 13.303/2016, lei das empresas estatais, teceu os primeiros passos para as empresas estatais adotarem a governança corporativa. O *compliance* também foi contemplado pela nova lei.

Cabe ressaltar que as empresas estatais, abrangendo as empresas públicas e as sociedades de economia mista, têm importância fundamental na economia brasileira. Elas ocupam principalmente espaço nas indústrias de base, ou seja, seus produtos são utilizados pelas outras empresas.

Mas tem uma *segunda realidade* nesta obra que traz contribuições inovadoras a respeito da questão envolvendo o direito empresarial e administrativo, é a junção dos dois ramos para tratar da governança corporativa e *compliance* nas empresas estatais.

A obra analisa a governança corporativa no Brasil e em outros países. Estuda ainda o *compliance* e a forma de atuação e responsabilização dos administradores. Após, parte para a empresa estatal e os princípios da administração pública. E, no fim, a adoção da governança corporativa e do compliance pelas empresas estatais.

Para chegar a este resultado, o autor se baseou na lei 13.303/2016 e nos princípios da administração pública para as empresas estatais. O que é muito difícil por abranger dois ramos do direito e uma legislação muito atual e inovadora. Só foi possível pela capacidade do autor.

O *terceiro aspecto* desta obra repousa no fato de que a capacidade metodológica do autor e a claridade conceitual dos temas abordados permitem e facilitam a sua entrada sem dificuldade no pensamento jurídico-empresarial.

O autor possui uma formação em educação superior que foi demonstrado no curso da obra pela facilidade com que aborda temas tão difíceis.

Confio que o esforço que se foi realizado na releitura da empresa estatal, visando a sua readequação aos tempos atuais e futuros, seja reconhecido nesta obra, a qual oportuniza à comunidade jurídica reflexões levadas a efeito com seriedade, competência acadêmica e lucidez, refletindo aprofundamento e problematização do discurso jurídico.

A obra de Rodrigo de Lima Leal reveste-se de inegáveis méritos e qualidades, com alta relevância expositiva e didática, fazendo com que sua leitura e estudo sejam de todo recomendáveis.

Prof. Dr. Rodrigo Almeida Magalhães
Doutor e Mestre em Direito pela PUC/MG
Professor do Mestrado e Doutorado em Direito Privado da PUC/MG.
Professor de Direito Empresarial da PUC-MG e da UFMG.
Advogado empresarialista.

1 Introdução

O presente trabalho aborda o tema da governança corporativa e do *compliance* nas empresas estatais, como decorrência dos princípios da Administração Pública, insculpidos no art. 37, *caput*, da Constituição da República Federativa do Brasil (CRFB) de 1988, tendo como pano de fundo as questões jurídicas que envolvem a atuação do Estado na economia.

Nesse contexto, o problema deste trabalho é analisar se a utilização da governança corporativa e do *compliance* nas empresas estatais brasileiras decorre dos princípios da Administração Pública, elencados no art. 37[1] da CRFB. Para tanto, utiliza-se um referencial teórico com bases, tanto no direito público, quanto no direito privado, levando em conta os aspectos constitucionais da empresa estatal e sua atividade no mercado.

Sem olvidar disso, deve-se, ainda, levar em consideração que o referido tema possui pouca atenção científica. Sob a ótica pública, o Direito Administrativo se contenta com o estudo das empresas estatais e seu regime jurídico, dando ênfase à sua forma de criação e extinção, regime de pessoal, patrimônio, atos e contratos, ignorando seus aspectos empresariais. Sob a ótica privada, o Direito Empresarial sequer se dedica a adentrar no campo das empresas estatais.

É clarividente, a necessidade de uma visão de unicidade do Direito, com a superação da dicotomia público-privado. Essa utilização de institutos em conjunto e harmonia permite trazer à

1 Art. 37. A administração pública direta e indireta de qualquer dos Poderes da União, dos Estados, do Distrito Federal e dos Municípios obedecerá aos princípios de legalidade, impessoalidade, moralidade, publicidade e eficiência [...].

Administração Pública um modelo jurídico-econômico eficiente e otimizado da administração privada.

Nesse trilho, a presente pesquisa pretende contribuir com o estudo do modelo administrativo gerencial e as consequências de sua aplicação nas empresas estatais – sociedade de economia mista e empresa pública -, sendo analisada a utilização da governança corporativa e *compliance* nessas empresas.

Com o avanço do neoliberalismo, ocorreu um fenômeno de desestatização das empresas nas últimas décadas do século XX e primeiras décadas do século XXI. Porém, é destaque, o papel ainda assumido pela empresa estatal, no cumprimento de sua função social, qual seja, a implementação de políticas públicas e oferta de bens e serviços à sociedade. Além do mais, o setor público empresarial ainda continua tendo destaque na economia de vários países, entre os quais, o Brasil.

Nesse contexto de importância das empresas estatais, vários organismos multilaterais iniciaram uma campanha de utilização da governança corporativa nas empresas estatais, assegurando a estas uma gestão eficiente e lucrativa, sem a interferência do governo. As boas práticas de governança buscam proteger a empresa estatal de ingerências externas por parte do governo, as quais afetam de forma negativa o seu desempenho no mercado.

Assim, foi editada, no Brasil, a Lei n. 13.303/2016, chamada de Lei das Estatais, a qual dispõe sobre o regime jurídico dessas empresas, marcada pela existência de diversas normas de governança e de *compliance*, em consonância com os organismos multilaterais.

Pretende-se, portanto, oferecer sugestões que visam ao aprimoramento do desempenho das empresas estatais, a partir da utilização de técnicas de governança corporativa e de *compliance*, levando-se em consideração a busca pelo interesse público.

Para tanto, o objetivo geral do presente trabalho consiste em analisar a governança corporativa e o *compliance* em empresas estatais, como decorrência dos princípios da Administração Pública, expressos no art. 37 da CRFB.

O primeiro dos objetivos específicos consiste em identificar o atual papel do Estado empresário no mercado. Também é objetivo específico deste trabalho estudar a governança corporativa e o *compliance*, desde seus primórdios, ao seu atual desenvolvimento, estabelecendo conceito e natureza jurídica. Por fim, também se trata de objetivo específico, verificar a conformidade da Lei n. 13.303/2016 com os princípios da Administração Pública, inseridos no art. 37, *caput*, da CRFB.

Essa abordagem teórica adotada leva naturalmente à proposta de fortalecimento da governança corporativa nas empresas estatais, observando-se a aplicação de suas boas práticas, em decorrência dos princípios da Administração Pública.

Assim, o presente trabalho se desdobra em uma introdução, três capítulos de desenvolvimento e uma conclusão. No primeiro capítulo, busca-se apresentar o atual papel do Estado empresário, traçando o histórico e o atual papel da intervenção do Estado na economia, com ênfase no Brasil, e, posteriormente, o regime jurídico das empresas estatais no ordenamento jurídico brasileiro, compreendendo-se sua função social. Faz-se necessário, esse aparato histórico, para que se tenha uma boa compreensão das causas que motivaram a intervenção do Estado no domínio econômico e o atual papel desempenhado, ao longo do tempo, pelas empresas estatais. Com isso, é possível identificar o atual papel do Estado empresário.

No segundo capítulo, estudar-se-á, de forma crítica, a governança corporativa, partindo-se de seus antecedentes históricos e evolução, até os dias atuais, para que se possa compreender suas práticas, conceito e natureza jurídica. Posteriormente, serão analisados, os principais Códigos de Governança Corporativa, com um breve estudo de como se dá a aplicação desse instituto nos Estados Unidos, Reino Unido, Alemanha e Japão. Com isso, faz-se uma breve análise histórica da governança corporativa no Brasil, a fim de compreender suas principais regras, bem como as regras do *compliance*.

No terceiro capítulo, serão analisadas, as regras de governança corporativa e de *compliance*, inclusive, aquelas adotadas pela Lei n. 13.303/2016, e sua conformidade com os princípios da Administração Pública, elencados expressamente no art. 37, *caput*, da CRFB, quais sejam: legalidade, impessoalidade, moralidade, publicidade e eficiência.

A pesquisa foi desenvolvida mediante uma análise crítica, com o levantamento de informações relacionadas à temática, de modo a identificar, à luz da CRFB e legislação pertinente, os avanços positivos e negativos trazidos pela utilização de instrumentos do Direito Empresarial nas empresas estatais.

No mais, a pesquisa possuiu caráter teórico-científico, com reflexos práticos, na medida em que se propõe identificar aspectos positivos e negativos do modelo de administração gerencial empregado em empresas públicas.

Para tanto, foram utilizados os métodos de abordagem dedutivo, assim como o método de procedimento histórico. Já no que se refere às técnicas de pesquisa, o trabalho foi construído com base na documentação indireta, especialmente empregada no bojo das pesquisas bibliográfica e documental.

Necessário detalhar que o emprego do método dedutivo se deu a partir de premissas analisadas segundo o marco teórico trabalhado, a partir das quais, foi retirada, a conclusão (GIL, 1995).

Explica-se, por último, que a utilização do método histórico, como método de procedimento, foi empreendida, precisamente, por ocasião da análise conjunta da evolução histórico-jurídica da sociedade e das empresas estatais.

Paralelamente, foram utilizadas técnicas de pesquisa, a saber: a) a documentação indireta, manejada com enfoque na pesquisa bibliográfica, para a formação do referencial teórico utilizado na construção de toda a investigação, mediante a leitura sistemática e orientada de publicações doutrinárias nacionais e estrangeiras (doutrinas, artigos científicos, periódicos e revistas especializadas); b) a pesquisa documental, sobremodo, útil, posto que a coleta de dados foi procedida mediante análise de textos legais e relatórios.

Tem-se a intenção de formular uma análise crítica acerca da utilização da governança corporativa e do *compliance* nas empresas estatais, contribuindo para uma melhor atuação dessas empresas no mercado.

À guisa de encerramento, examina-se o tema proposto à luz das obras de Pinto Júnior (2013), Miragem (2017) e Silveira (2015), e, ao final, são apresentadas as considerações finais, em reforço aos argumentos estabelecidos ao longo do presente trabalho.

2 O Estado empresário

Hodiernamente, com o sistema capitalista como o sistema econômico dominante no mundo, grandes empresas são criadas, constantemente, gigantescos conglomerados e multinacionais estão, cada vez mais, presentes no mercado fornecedor de bens e produtos. Destaque, nesse mercado, para as empresas estatais, as quais têm por característica se utilizarem de capital público.

Deve-se compreender o Estado como a organização da vontade coletiva, tratando-se de uma unidade coletiva formada por três elementos, quais sejam: a) território, que é definido como o limite espacial, dentro do qual, o Estado vem a exercer o seu poder; b) povo, definido como o conjunto de pessoas que mantém um vínculo jurídico-político com o Estado e; c) soberania, a qual se trata do poder de traçar, de forma coercitiva, competências no âmbito político, ou de decidir, em última instância, no âmbito jurídico (ANDRADE, 2013).

No entanto, não há intenção de se ater somente ao conceito de Estado formado a partir dos seus elementos constitutivos, mas de entendê-lo a partir do seu intervencionismo no domínio econômico no decorrer da história.

Acerca da intervenção do Estado no domínio econômico, deve-se entender, por intervencionismo, as formas como o Estado tem influenciado, e até mesmo limitado, a atuação do particular no domínio econômico. No entanto, essa intervenção somente acontecerá em situações específicas e permitidas pela própria lei. O Estado empresário é aquele que atua na ordem econômica como se particular fosse.

O Estado, assim como se vê, nos dias atuais, forjado a partir da vontade coletiva organizada, ao longo da história, colocou-se frente aos acontecimentos, conforme os interesses da sociedade. Os seus fins devem ser a síntese dos fins individuais (DALLARI, 1993, p. 89).

Dessa forma, deu-se e se dá a intervenção do Estado na economia. Em alguns momentos, o Estado é convocado para participar da atividade econômica; em outros, é destituído dessa intervenção.

Deve-se também destacar a importância do Estado no desenvolvimento da ordem econômica, sobremaneira, naqueles períodos em que o sistema capitalista passava por uma de suas várias e constantes crises.

2.1 Empresário, empresa e estabelecimento empresarial

As expressões "empresário", "empresa" e "estabelecimento empresarial", apesar de distintas, são frequentemente confundidas, fazendo-se necessária sua diferenciação.

Empresário é a pessoa que exerce a atividade econômica organizada, nos termos do art. 966 do Código Civil (CC).

Nesse sentido, Mamede diz que:

> O legislador brasileiro não se ocupou minuciosamente disso, resumindo-se a afirmar que empresários e sociedades empresárias são aqueles que exercem profissionalmente atividade econômica organizada para a produção ou a circulação de bens ou de serviços. (MAMEDE, 2013, p. 4).

Tratando-se de pessoa física, o empresário será chamado de empresário individual, havendo a necessidade de registro perante a Junta Comercial, sendo equiparado à pessoa jurídica, somente no que tange às consequências fiscais. Naquilo que importa à sua responsabilidade, o empresário individual responderá com seu patrimônio individual pelas obrigações que decorrerem de sua atividade empresarial.

Quando o empresário se trata de pessoa jurídica, tem-se uma sociedade empresária, que, em regra, possuirá patrimônio próprio e responsabilidade limitada dos seus sócios.

Já a expressão "empresa" não pode ser confundida com "empresário". Segundo Pereira:

> A empresa, após o advento do Código Civil de 2002, não pode ser confundida com sociedade empresária. Deve ser entendida como sendo a atividade, que visa obter lucros, através do oferecimento ao mercado de bens ou serviços, gerados mediante a organização dos fatores de produção. Vale lembrar que esses fatores são quatro: força de trabalho, matéria prima, capital e tecnologia. (PEREIRA, 2010, p. 59).

Empresa é a atividade de produção ou circulação dos bens e serviços na sociedade. Por outro lado, o estabelecimento empresarial corresponde ao conjunto de bens corpóreos e incorpóreos pelos quais a empresa é explorada, regulamentado dos arts. 1.142 a 1.149 do CC.

Nesse mesmo sentido, são as lições de Coelho:

> Estabelecimento empresarial é o conjunto de bens que o empresário reúne para exploração de sua atividade econômica. Compreende os bens indispensáveis ou úteis ao desenvolvimento da empresa, como as mercadorias em estoque, máquinas, veículos, marca e outros sinais distintivos, tecnologia, etc. Trata-se de elemento indissociável à empresa. Não existe como dar início à exploração de qualquer atividade empresarial, sem a organização de um estabelecimento. (COELHO, 2009, p. 96).

Não se pode, pois, confundir empresário, empresa e estabelecimento empresarial. Diniz consegue sintetizar de forma clara e precisa os mencionados conceitos:

> Empresa é a atividade econômica unitariamente estruturada ou organizada para a produção ou circulação de bens ou serviços. Empresário, individual ou coletivo, é o titular da empresa. Estabelecimento é o conjunto de bens, caracterizados por sua unidade de destinação, podendo ser, como diz Miguel Reale, objeto unitário de negócios jurídicos, daí sua importância para que a "empresa" possa atingir suas finalidade, pois o empresário precisa reunir meios para consecução contínua de um objetivo técnico. (DINIZ, 2009, p. 35).

Com isso, o trabalho parte do conceito de empresa como atividade organizada, exercida por um empresário.

2.2 A intervenção do Estado na Economia através das Empresas Estatais

Não é novidade do capitalismo contemporâneo, a intervenção do Estado na economia por meio das empresas estatais. Antes de iniciar a discussão acerca das empresas estatais, far-se-á uma breve análise acerca da intervenção do Estado na economia.

Existem alguns relatos históricos sobre essa atuação ainda durante a Idade Antiga. A intervenção se dava pela criação de monopólios, os quais poderiam ser estatais ou particulares, podendo ser citados, como exemplos, Roma – com o monopólio do sal – e Atenas – com o monopólio do chumbo (FORGIONI, 2010).

No entanto, uma atuação mais concreta do Estado no domínio econômico somente ocorreu a partir da formação dos Estados Modernos, sobretudo, pela influência do capitalismo em sua primeira fase, o capitalismo comercial.

O Estado, além de executar de forma típica a atividade pública, ingressou também no mercado fornecedor de bens e produtos, intervindo na atividade econômica. Essa prática foi fomentada e teve um maior dinamismo entre os séculos XV e XVI.

O Estado Absolutista, predominante entre os séculos XV e XVI, intervinha na atividade econômica como mecenas do desenvolvimento comercial. Nesse contexto, defende, Tácito:

> A empresa constituída pelo Estado visando a fins econômicos tem antecedentes históricos que remontam às companhias holandesas e portuguesas que, nos séculos XV e XVI, corporificavam investimentos da Coroa, destinados a alcançar, em complemento à conquista de mares e terras desconhecidas, novas fontes de suprimento para os mercados europeus mediante intercâmbio e importação de mercadorias. (TÁCITO, 2005, p. 85).

Durante a Idade Moderna, com o fortalecimento do Absolutismo, houve uma maior intervenção do Estado na economia, com destaque para a prática do mercantilismo. O capitalismo vivia a sua primeira fase, o capitalismo comercial, com o ressurgimento do comércio e da moeda, originando uma nova classe, a burguesia. A burguesia nascente tinha por interesse um Estado forte, o qual protegesse suas práticas comerciais por meio de um protecionismo alfandegário, com uma balança comercial favorável, a facilitação e incentivo às exportações e o acúmulo de metais preciosos.

Com a Idade Contemporânea, além da evolução do capitalismo para sua segunda fase, o Capitalismo Industrial, houve a diminuição do poder dos monarcas absolutistas e o avanço de ideais liberais burgueses.

A Revolução Francesa foi a nascente do Estado Liberal, operando uma dissociação muito clara entre a atividade econômica e a atividade política (VENÂNCIO FILHO, 1968).

O Estado Liberal surgiu da luta contra os abusos de poder da nobreza e da Igreja, durante a Idade Média, pregando a separação entre o público e o privado. O Estado Liberal de Direito nasce fundado em princípios iluministas, baseados no princípio da legalidade, como garantia de certeza e liberdade dos indivíduos perante o arbítrio estatal.

Nesse contexto, havia uma supervalorização do individual e colocação do Estado na posição passiva, cabendo-lhe respeitar a esfera privada. A essa época, a atividade do Estado se restringia, quase exclusivamente, à defesa externa e à segurança interna. Segundo Teodoro, "trata-se de um Estado alheio aos problemas sociais e com traços típicos de um Estado Liberal de Direito" (TEODORO, 2011, p. 35).

Esse movimento liberal defendia, sob o aspecto econômico, um mínimo de ingerência do Estado sobre a vida privada e a economia.

No liberalismo, o mercado seria regido por um conjunto de regras econômicas, batizadas por Adam Smith de "a mão invisível do mercado". Dessa forma, o Estado não deveria intervir na economia, pois o mercado seria autorregulatório.

Pela "mão invisível", aqueles empresários que não se destacavam seriam excluídos pelo próprio mercado, o que ocasionaria mais espaço para novos empresários, e os preços seriam regulados pela lei da oferta e da procura e pela livre concorrência.

Smith defendia que:

> [...] sem qualquer intervenção da lei, os interesses privados e as paixões dos homens levam-nos, naturalmente, a dividirem e a distribuírem o capital de qualquer sociedade entre os diferentes empregos com ele realizados, tanto quanto possível, na proporção mais vantajosa para o interesse de toda a sociedade. (SMITH, 1989, p. 199).

Smith (1989) pregava que o mercado se regularia de forma natural, pelas leis da oferta e da procura, sem a necessidade de intervenção do Estado. Era papel do Estado, na ordem econômica liberal, a garantia da total e irrestrita liberdade do mercado.

No contexto do liberalismo, há uma supervalorização do individual e a colocação do Estado na posição passiva, em situação de inércia. Ao Estado, cabia somente respeitar a esfera privada. Com isso, a economia deveria se tratar de uma esfera privativa dos particulares, não cabendo qualquer intervenção do Estado.

Percebe-se, pois, que, com a ascensão da doutrina econômica liberalista, a atuação do Estado na ordem econômico quedou inexistente, principalmente, quanto à sua atuação empresarial.

Nos termos da intervenção mínima proposta por Smith, por meio da teoria da mão invisível, garantindo-se uma total liberdade individual, o sistema capitalista de produção outorgava ao agente econômico a única finalidade de aumentar os seus lucros e, como consequência, haveria uma distribuição de renda e benefícios à coletividade. No entanto, tais preceitos de livre iniciativa e livre concorrência não foram suficientes, provocando um aumento das injustiças sociais (ANDRADE, 2013).

É inegável, que esse Estado Liberal corroborou com um largo desenvolvimento econômico na história da humanidade. Nesse sentido, são as lições de Venâncio Filho:

> Os resultados desse regime liberal foram, de fato, extraordinários, como comprovam as expressões de Francisco Ayala: O grande impulso econômico e técnico, em virtude do qual nossa civilização chegou a ser o que é hoje, se cumpriu como é sabido, debaixo do princípio da abstenção do Estado nas relações sociais de produção e distribuição de bens. (VENÂNCIO FILHO, 1968, p. 6).

No início do século XX, o Estado Liberal entrou em crise, em virtude de uma série de fatores, não mais prosperando seus ideais. Assim:

> [...] durante todo o transcorrer do século XIX, importantes transformações econômicas e sociais vão profundamente alterar o quadro em que se inserira esse pensamento político-jurídico. As implicações cada vez mais intensas das descobertas científicas e de suas implicações, que se processavam com maior celeridade, a partir da Revolução Industrial, o aparecimento das gigantescas empresas fabris, trazendo, em conseqüência, a formação de grandes aglomerados urbanos, representavam mudanças profundas na vida social e política dos países, acarretando alterações acentuadas nas relações sociais, o que exigiu que paulatinamente, sem nenhuma posição doutrinária preestabelecida, o Estado fosse, cada vez mais, abarcando o maior número de atribuições, intervindo mais assiduamente na vida econômica e social (VENÂNCIO FILHO, 1968, p. 9-10).

O Estado Liberal, ao mesmo tempo em que promoveu benefícios, criou condições para seu próprio fracasso. Apesar da produção de riquezas, não houve repartição destas, acarretando a inobservância da garantia de condições de vida digna a grande parte da população.

Essa liberdade extrema proposta pelo liberalismo econômico beneficia alguns indivíduos, os mais aptos e preparados, em detrimento de outros, os menos afortunados. Com isso, o Estado Liberal entrou em crise (SGARBI, 2011).

Essa crise, nas primeiras décadas do século XX, agravada pela Segunda Guerra Mundial, deu origem ao Estado Social, que tem como principal característica a intervenção do Estado na atividade econômica e na vida social. É nesse contexto, que ganham força, as ideias de John Maynard Keynes, posicionando-se entre o liberalismo e o socialismo de mercado. Trata-se da semente do *Welfare State* (TEODORO, 2011).

> O Estado deverá exercer uma influência orientadora sobre a propensão a consumir, em parte por meio da fixação da taxa de juros e, em parte, talvez, recorrendo a outras medidas. Por outro lado, é improvável que a influência da política bancária sobre as taxas de juros seja suficiente por si mesma para determinar um volume dos investimentos ótimos. Eu entendo, portanto, que uma socialização ampla dos investimentos será o único meio de assegurar uma situação aproximada de pleno emprego, embora isso não implique a necessidade de excluir ajustes e fórmulas de toda espécie que permitam ao Estado cooperar com a iniciativa privada. (KEYNES, 1983, p. 256).

O Estado Social prega uma gestão intervencionista na questão socioeconômica por parte do Estado. Keynes propunha a responsabilização do Estado para a superação da recessão e do desemprego.

O Estado passa a ter o papel garantidor do bem-estar econômico e social dos cidadãos. Surge, então, uma aposta no capitalismo intervencionista, como forma de conter o caos monetário e econômico advindo do período entre guerras, que solapou a economia mundial (TEODORO, 2011).

O capitalismo passou por uma crise decorrente da concentração de riquezas, o que pôs fim à livre concorrência, exigindo-se, então, uma intervenção do Estado na economia.

Ocorre que a intervenção do Estado na economia não se limitou à simples e necessária regulamentação da ordem econômica da época, mas o Estado passou a intervir na economia produzindo bens e prestando serviços.

Essa concepção intervencionista aliava-se à garantia de diversos direitos à população e à atuação direta do Estado na economia, exercendo a função de indutor de investimentos, planejador e empresário (SGARBI, 2011).

O mesmo posicionamento, apresenta, Grau:

> [...] deixa o Estado, desde então, de intervir na ordem social exclusivamente com produtor do direito e provedor de segurança, passando a desenvolver novas formas de atuação, para o que faz uso do direito positivo como instrumento de sua implementação de políticas públicas – não atua apenas como terceiro-árbitro, mas também como terceiro-ordenador. (GRAU, 2005, p. 461).

O Estado passa a agir como um veraz empresário, e foi após a Segunda Guerra Mundial, que a atuação empresarial estatal ganhou força em todo o mundo.

Historicamente, percebe-se que foi recente, um desenvolvimento dos serviços comerciais e industriais por meio do Estado, como forma de intervenção no domínio econômico, o qual era tradicionalmente reservado à iniciativa privada (TÁCITO, 2005).

A intervenção do Estado na esfera econômica se deu de duas formas: a) pela regulamentação da economia de mercado; e b) pela participação direta do Estado na atividade empresarial.

É exatamente essa segunda forma de intervenção estatal na atividade empresarial que interessa à pesquisa, a qual se refere ao Estado empresário. O Estado, buscando uma maior satisfação dos interesses da coletividade, ingressa na atividade empresarial de prestação de serviços e produção de bens.

Acerca dessa intervenção do Estado naquilo que anteriormente era de competência exclusiva dos particulares, são as lições de Cretella Júnior:

> [...] num primeiro momento, os serviços públicos e privados eram partilhados entre o Estado, que desempenhava,

> exclusivamente, os primeiros, e o particular, que exercia, tão-só, os serviços privados e, entre estes, os de natureza comercial e industrial. Num segundo momento, o Estado partilha os serviços públicos entre os seus próprios órgãos e pessoas, transferindo para as autarquias aquilo que a Administração Direta não conseguia gerir. Num terceiro momento, o Estado recorre aos particulares e outorga os serviços públicos mediante concessões e permissões, transferindo-os a empresas com personalidade de direito privado que, por sua conta e risco, assumem a prestação daqueles serviços. Restam os serviços privados ou atividades privadas, comerciais e industriais, numa primeira fase, a cargo, exclusivamente, da esfera particular com desempenho por parte de pessoas físicas ou jurídicas de direito privado. Num primeiro momento também, em sentido inverso, os serviços privados de economia, comércio e indústria, desempenhados pelos particulares, passam a ser exercidos pelo Estado, que se torna sócio de empresas privadas, adquirindo ações. Sócio minoritário a princípio, torna-se sócio majoritário a final, participando da nova entidade – a sociedade de economia mista. Num segundo momento, o Estado cria entidades, ex nihil, ou a partir de antigas sociedades de economia mista, sobrepujando-as, dando origem a entidades dotadas de personalidade jurídica de direito privado, com patrimônio e capital exclusivamente estatal, para exploração de atividades econômicas que o governo seja impelido a exercer por força de contingência ou de conveniência administrativa, podendo revestir-se de qualquer das formas admitidas em direito – eis a empresa pública. (CRETELLA JÚNIOR, 1993, p. 4001).

O Estado passa a atuar na atividade econômica prestando serviços públicos à coletividade, auxiliando, assim, a iniciativa privada, que enfrentava uma crise. Atualmente, a forma como intervém na economia varia de acordo com o sistema econômico e o estágio de desenvolvimento dos países. Geopoliticamente, os países podem ser classificados em países socialistas, países capitalistas em desenvolvimento ou emergentes e países capitalistas desenvolvidos.

Nos países socialistas de economia planificada, não existia a liberdade empresarial. A empresa estatal detinha o monopólio de produção e deveria atuar conforme os ditames do planejamento centralizado. Nesse sentido:

> Nos países do antigo bloco socialista, não havia liberdade de iniciativa empresarial, nem tampouco sistema de livre mercado. A empresa estatal constituía a unidade básica de produção e devia atuar em cumprimento aos ditames do planejamento centralizado. Tratava-se de opção ideológica de caráter abrangente, que deixava pouco ou nenhum espaço ao empreendimento privado. Nas economias planificadas, as decisões empresariais não são tomadas de forma isolada em razão dos estímulos de mercado, mas decorrem da observância de comandos emanados do governo central. Mesmo com personalidade jurídica própria e autonomia patrimonial, as empresas não possuem independência decisória sobre as principais variáveis econômicas (o que produzir, em que quantidade e a que preço vender). O Estado interfere direta e profundamente no cotidiano das empresas. O modelo estatizante baseia-se na crença de que a propriedade pública dos meios de produção permite a distribuição mais eqüitativa do poder na sociedade e a harmonia nas relações capital-trabalho. (PINTO JÚNIOR, p. 9-10, 2013).

Percebe-se, pois, uma interferência política naquelas empresas estatais em economias socialistas, servindo, as mesmas, para a concretização de um plano de governo planificado.

Nos países capitalistas desenvolvidos, as empresas estatais decorreram de opção política ou de razões estratégicas, tendo como função principal contrapor-se ao setor privado, mas sem romper o paradigma capitalista (PINTO JÚNIOR, 2013).

O Brasil, historicamente, sempre foi um Estado capitalista, enquadrando-se naquelas economias em desenvolvimento ou emergentes. Nesses países, as empresas estatais surgem para preencher o espaço lacunoso deixado pelo setor privado, o qual não destina investimentos suficientes ao desenvolvimento da indústria de base e a grandes projetos de infraestrutura, em virtude dos altos investimentos e riscos, além da baixa lucratividade. Nesse sentido:

> Nos países em desenvolvimento ou economias de transição, o surgimento da empresa estatal procura preencher a lacuna deixada pelo setor privado, que normalmente não é capaz de mobilizar capitais para investimentos na indústria de base e em projetos de infra-estrutura. Tais empreendimentos demandam maior volume de recursos, envolvem riscos elevados e costumam oferecer baixa taxa de retorno. O avanço do processo de redistributivistas para assegurar a oferta de bens e serviços essenciais ao consumo humano, a preços acessíveis, cuja demanda não pode ser atendida adequadamente pelo setor privado. A origem da empresa estatal não seria explicável apenas pelo mau funcionamento do mercado, mas como resposta ao abuso do poder econômico privado em detrimento dos consumidores e pela preocupação com a segurança nacional. (PINTO JÚNIOR, p. 10, 2013).

Pode-se dizer que as empresas públicas e as sociedades de economia mista foram criadas por dois motivos diametralmente opostos. O primeiro foi o intuito de exploração de negócios lucrativos, gerando, com isso, recursos necessários às atividades governamentais. O segundo foi promover a industrialização nacional, fornecendo uma infraestrutura adequada (PINTO JÚNIOR, 2009).

No Brasil, a intervenção estatal direta na economia por meio das empresas estatais foi motivada pela limitação da capacidade do mercado brasileiro de organizar sua própria produção.

2.3 O Estado empresário brasileiro e o atual papel das empresas estatais

No Brasil, a primeira experiência com empresas estatais ocorreu com a fundação do Banco do Brasil, logo após o chegada da família real ao território e a quebra do Pacto Colonial.

Em 1808, foi fundado, o Banco do Brasil, considerada a primeira sociedade por ações no país (LAMY FILHO; PEDREIRA, 1997, p. 103-104). No entanto, essa foi uma situação isolada, e os investimentos do Poder Público em empresas estatais só veio a ocorrer no século XX.

A Constituição de 1937, assim como as constituições anteriores, preservou o cunho intervencionista do Estado, porém, dando ênfase à intervenção estatal direta na economia. Assim dizia, o art. 135 da Constituição de 1937:

> Art. 135. Na iniciativa individual, no poder de creação, de organização e de invenção do indivíduo, exercido nos limites do bem público, funda-se a riqueza e a prosperidade nacional. A intervenção do estado no domínio econômico só se legitima para suprir as deficiências da iniciativa individual e coordenar os factores da produção, de maneira a evitar ou resolver os seus conflitos e introduzir no jogo das competições individuaes o pensamento dos interesses da Nação, repressentados pelo Estado.
> A intervenção no domínio econômico poderá ser mediata e imediata, revestindo a forma do controle, do estímulo e solicitude especiaes do Estado. (BRASIL, 1937).

O Estado passava, então, a assumir um papel mais ativo na economia, explorando de forma direta empreendimentos produtivos. A criação de empresas com capital público e com finalidade de cumprir objetivos específicos passa a ser a fórmula utilizada para se buscar um desenvolvimento econômico-industrial do país.

O Estado Novo, período compreendido entre 1937 e 1945, foi destacado pelo processo de industrialização do Brasil, baseado, principalmente, na intervenção do Estado na economia. Essa intervenção direta possibilitou um grande investimento na industrialização, o qual teria ocorrido de forma lenta, se baseado apenas em investimentos privados.

O Estado Novo investiu em empresas estatais, principalmente, nos setores de siderurgia e mineração, criando condições para o funcionamento de outras empresas privadas. Ao tratar desse período, Pinto Júnior assevera que:

> A ideologia reinante no período 1930-45 (primeiro governo de Getúlio Vargas) pregava o nacionalismo econômico como forma de conquistar a emancipação do país em face dos interesses externos. Nesse contexto, adquire relevância estratégica o investimento estatal na indústria de base, especialmente nos setores que já contavam com a presença do capital estrangeiro. No governo Dutra (1945-50) ocorre uma guinada na orientação político-econômica. A idéia de nacionalismo econômico, baseado na crença sobre a possibilidade de criar no país um capitalismo relativamente autônomo, é substituída pelas relações de interdependência em nível mundial. Paralelamente, busca-se reduzir a intervenção estatal na economia.27 Com o retorno de Getúlio Vargas ao poder pelo voto popular (1951-54), é retomada a preocupação com a defesa dos interesses nacionais contra a exploração capitalista estrangeira, porém, com a percepção de que o Estado deveria

> atuar de forma mais efetiva para resolver os pontos de estrangulamento que impediam a rápida industrialização do país, como condição para se alcançar o desenvolvimento econômico. (PINTO JÚNIOR, 2013, p. 20-21).

Esse período foi marcado pela consolidação da industrialização brasileira, cabendo à empresa estatal, um papel estratégico, qual seja, o de dispor de equipamentos e materiais para o desenvolvimento do setor privado nacional.

O Brasil, tratando-se de um país de industrialização tardia, necessitava da atuação do Estado na economia, como forma de alavancar a industrialização nacional e a produção privada. Nesse sentido, Ianni explica que:

> [...] o poder público teve um papel decisivo na criação de condições mais favoráveis para o funcionamento e a expansão da empresa privada, nacional e multinacional. Para isso, organizou e aperfeiçoou os mercados de capital e de força de trabalho, segundo as conveniências do setor privado. Essa participação decisiva do poder público na economia brasileira (ao menos em algumas fases do desenvolvimento econômico) resultou de certas condições estruturais. Houve momentos em que o setor privado (nacional ou estrangeiro) não poderia continuar a desenvolver-se sem que se resolvessem certos problemas institucionais; ou se promovessem determinados investimentos infra-estruturais. Assim, à medida que o sistema econômico evoluía, surgiram problemas tais como: necessidade de investimentos desproporcionais, relativamente às possibilidades e conveniências financeiras do setor privado; problemas de complementaridade técnica e econômica intra e intersetorial, quanto a exigências de capital, tecnologia e força de trabalho. (IANNI, 1991, p. 304-305).

O mercado livre da intervenção não foi capaz de gerar um desenvolvimento econômico, o que tornou indispensável a intervenção direta estatal, com a finalidade de permitir o desenvolvimento do setor privado.

As empresas estatais brasileiras assumem o papel de principais impulsionadoras da industrialização no país. A atuação do Estado na economia possui um caráter originário, não decorrendo da estatização de empresas privadas, como se observou na Itália, França e Inglaterra. No Brasil, ocorreram novos investimentos estatais na economia, não a estatização de empresas privadas (PINTO JÚNIOR, 2013). Sobre a importância dessa intervenção no sentido de impulsionar o desenvolvimento industrial, Furtado ensina que:

> A expansão das empresas do Estado reflete, em certos casos, o voluntarismo dos grupos dirigentes. Mas independentemente desse fato, por toda a periferia o Estado tende a desempenhar o papel de socializador de parte dos custos de produção, sem o que não se obteria a estrutura de preços relativos requerida para dar continuidade à expansão no quadro de modernização. Se os preços dos insumos industriais se definissem nos mercados em condições normais, o problema da estreiteza dos mercados de muitos produtos finais, em particular os bens duráveis de consumo, seria ainda mais grave. O Estado situa-se de preferência ali onde a rotação do capital é mais lenta e as exigências de escala, na fase inicial, maiores. Mas alcançada certa dimensão, as empresas estatais ganham crescente autonomia, tanto mais que elas tendem a guardar sob seu controle os lucros de um capital que pertence à coletividade. A articulação entre bancos especializados e empresas do Estado põe em marcha um processo de acumulação que tende a orientar-se em função da rentabilidade dessas empresas e dos interesses da burocracia que as dirige. Com base no poder financeiro que acumulam,

> as referidas empresas diversificam suas atividades em múltiplas direções, muitas vezes aliando-se aos grupos internacionais que controlam a tecnologia de que necessitam. (FURTADO, 2000, p. 120-121).

Destaque-se, nessa época, a criação da Companhia Siderúrgica Nacional (CSN), em 1941, como sociedade de economia mista, com participação majoritária de capital público nacional. Outra empresa estatal estrategicamente criada no mesmo período foi a Companhia Vale do Rio Doce (CVRD).

Ainda, não menos importante, foi a criação da empresa estatal Petróleo Brasileiro S.A. (Petrobras), na década de 1950, cuja relevância estratégica foi abordada por Pinto Júnior nos seguintes termos:

> A criação da Petróleo Brasileiro S.A. – PETROBRAS no início da década de 50 veio acompanhada de forte apelo nacionalista, embora também exprimisse a preocupação em reforçar os instrumentos de planejamento. A necessidade de atuação coordenada também foi o principal indutor da estatização do setor elétrico nacional, caracterizado pela prevalência da geração de origem hidráulica de grande porte. (PETROBRAS, 2013, p. 30).

Pode-se, então, afirmar que as empresas estatais surgem no Brasil, não com o objetivo de disputar mercado com o setor privado, mas de cobrir as lacunas existentes no mercado, propiciando, assim, um desenvolvimento do setor privado, promovendo uma rápida e eficaz industrialização nacional.

As condições que país apresentava, até meados do século XX, determinavam a necessidade de uma participação direta do Estado na economia, de modo que, se o desenvolvimento industrial brasileiro tivesse ocorrido por intermédio exclusivo do setor privado, a industrialização não teria ocorrido nos mesmos moldes, em termos de desenvolvimento e celeridade.

A atuação estatal na economia, nos moldes em que se concretizou, garantiu o apoio ao setor privado, estruturando o país para o processo de industrialização e acúmulo de capital privado. O investimento público por meio das empresas estatais privilegiou setores estratégicos de infraestrutura e indústria de base.

A partir da década de 1970, a atuação do Estado por intermédio das empresas estatais tinha por fundamento a ampliação da base tecnológica brasileira, com investimentos públicos nos setores de elevada tecnologia, com destaque para duas estatais: a Empresa Brasileira de Aeronáutica S.A. (Embraer), criada em 1969, e a Computadores e Sistemas Brasileiros S.A. (Cobra), criada em 1974.

Tinha-se, pois, uma intervenção completamente distinta do período anterior, quando as estatais tinham por escopo o fornecimento de produtos de base, em vez de bens e serviços de alta tecnologia. Os investimentos do Estado nesses setores eram justificados por dois fatores: em primeiro plano, a importância estratégica da atividade; e em segundo plano, a ausência, até então, de empreendedores nacionais dispostos a assumirem os custos elevados e os riscos de investimentos em algumas áreas (PINTO JÚNIOR, 2013).

Esse período foi marcado por um grande investimento estatal e uma vultuosa expansão da atividade empresarial no Brasil. Ao tratar dessa época, Pinto Júnior afirma:

> O período de 1968 a 1974 foi marcado pela forte expansão da atividade empresarial do Estado brasileiro. O movimento iniciou-se tão logo se alcançou a estabilização econômica e perdurou até a primeira crise do petróleo, que provocou consequências desastrosas na economia nacional. Além de condições favoráveis no cenário macroeconômico, a multiplicação de empresas estatais era explicada por três fatores: (i) a reforma administrativa

> implementada pelo Decreto-lei nº 200/67; (ii) a demanda crescente por infra-estrutura básica, notadamente nos setores de eletricidade e telecomunicações, em que o Estado já era o único fornecedor; e (iii) a diversificação e a expansão das atividades da PETROBRÁS e da CVRD, mediante a constituição de subsidiárias e formação de composições societárias com empresas privadas. (PINTO JÚNIOR, 2013, p. 34).

Houve uma diversificação e massificação nos investimentos das empresas estatais. Tinha-se, pois, a finalidade de impulsionar o desenvolvimento econômico nacional e dar continuidade ao processo de substituição das importações.

Além daqueles setores nos quais o Estado já se fazia presente, como os setores siderúrgico, petrolífero, energético e de mineração, ele também passa a explorar outros setores com tecnologia de ponta, como petroquímico, de informática, aeronáutico e nuclear (PINTO JÚNIOR, 2013).

No entanto, em 1975, é encerrada essa fase expansionista das empresas estatais no Brasil, acerca da qual, Pinto Júnior aduz:

> A partir de 1976, as companhias estatais são apontadas como responsáveis pelos principais desequilíbrios macroeconômicos do país, notadamente o déficit na balança de pagamentos e o aumento da taxa de inflação. Por via de conseqüência, passam a ser alvo de rígidos controles governamentais, a exemplo de restrições para importação, investimentos, endividamento, remuneração do pessoal, ampliação de atividades e autonomia decisória, com destaque para a exigência de autorização presidencial para constituição de novas subsidiárias. (PINTO JÚNIOR, 2013, p. 37).

Com isso, as empresas estatais passam a estar sujeitas a diversas restrições, principalmente, àquelas de cunho econômico, perdendo a sua finalidade instrumental para o desenvolvimento industrial e tecnológico nacional.

No mundo, nessa mesma década, é iniciado, o movimento das privatizações:

> Em termos mundiais, a sorte da empresa estatal começa a mudar no final dos anos 70, quando tem início o movimento das privatizações na Inglaterra, como resultado da convergência sem precedentes de causas domésticas e internacionais. No plano interno, destaca-se a necessidade de reequilibrar as finanças dos países europeus abaladas pelo elevado custo das políticas de bem estar social (welfare State). A venda de participações acionárias era percebida como fonte importante de recursos para revitalizar a economia (PINTO JÚNIOR, 2009, p. 49).

Esse movimento das privatizações foi determinado por situações internas e internacionais. Internamente, os países tinham suas finanças abaladas, em decorrência das políticas públicas decorrentes do Estado do Bem-Estar Social, e a venda de ações das empresas estatais seria uma importante fonte de recursos para a recuperação das economias nacionais.

Internacionalmente, organismos internacionais que pregavam a ideologia da livre concorrência viam as empresas estatais como privilegiadas, causando uma distorção nessa livre concorrência.

Além do mais, as empresas estatais eram tidas como empresas ineficientes, em razão do monopólio sobre determinadas atividades e baixa competitividade em outras, pouca inovação, no tocante à tecnologia, e uma grande passividade de ingerências políticas indevidas, o que acabava por gerar um fraco desempenho econômico dessas empresas (PINTO JÚNIOR, 2013).

Esse fraco desempenho econômico trazia prejuízos às finanças públicas. Dentro desse cenário, as privatizações surgem como uma alternativa viável à resolução dos referidos problemas.

No Brasil, as privatizações tiveram maior destaque somente a partir da década de 1990, com o programa brasileiro de privatizações, o qual tinha por escopo a necessidade de reequilibrar as contas públicas do país, revitalizando a economia nacional:

> O movimento mais incisivo em prol da privatização surgiu em 1990, durante o governo Collor, com o lançamento do Programa Nacional de Desestatização (PND), tendo como pano de fundo a mudança de percepção sobre o papel das empresas estatais na economia brasileira. As medidas então adotadas representavam uma resposta à crise fiscal que provocou o esgotamento da capacidade de investimento do setor público e colocou em xeque o modelo de economia amplamente estatizada, embora ancorada no regime capitalista. No entanto, o PND não fazia parte de um projeto mais amplo de reformas estruturais e de redefinição do papel do Estado (PINTO JÚNIOR, 2009, p. 64-65).

Esse movimento de privatizações ganhou ainda mais força durante o governo Fernando Henrique Cardoso, com a privatização de grandes empresas estatais.

As situações características da primeira metade do século XX, que justificavam a intervenção direta do Estado na economia por meio das empresas estatais deixaram de existir. A organização empresarial burocrática, aos poucos, tornou-se obsoleta e não acompanhou os avanços tecnológicos do mercado, reduzindo a competitividade dessas empresas perante aquelas de capital privado.

A reação das empresas estatais, com a difícil adaptação ao novo modelo de economia globalizada, com a forte concorrência de empresas multinacionais, além das ingerências políticas, foram responsáveis por minimizar o desempenho das empresas estatais (PINTO JÚNIOR, 2013).

Desse modo, o estado de declínio da intervenção estatal direta parecia irreversível. No entanto, o sistema capitalista de produção está suscetível a crises financeiras, e, em 2008, uma crise financeira irrompeu no mercado norte-americano, espalhando-se rapidamente e adquirindo escopo de uma crise global.

Essa crise exigiu a intervenção do Estado na economia, no intuito de evitar consequências mais danosas. Segundo Pinto Júnior:

> Esse estado de coisas pode ter mudado com a crise de confiança nos mercados financeiros, que irrompeu nos Estados Unidos no segundo semestre de 2008 e acabou adquirindo proporções globais, a ponto de exigir a intervenção extensa e articulada da maioria dos governos nacionais, na tentativa de evitar o aprofundamento da recessão econômica. As medidas adotadas incluíram a nacionalização de bancos privados e a realização de aportes de capital em empresas do setor produtivo. Ainda é cedo para dizer se isso significa o retorno da figura da empresa estatal à cena econômica como instrumento de políticas públicas e de regulação do mercado. (PINTO JUNIOR, 2013, p. 53-54).

Com isso, as empresas estatais readquirem certo papel de destaque no mercando financeiro, dessa vez, como instrumento de realização de políticas públicas e de regulação do mercado.

Apesar das privatizações no Brasil, as estatais ainda possuem forte presença no mercado, principalmente, nas atividades financeiras, de produção e exploração de fontes de energia, a exemplo do petróleo e do gás natural.

Dessa forma, a intervenção direta do Estado na economia por meio das empresas estatais não tem mais por escopo integrar as falhas de estrutura do mercado ou criar condições básicas para o funcionamento de empresas privadas. Como defende, Pinto Júnior:

> Em lugar do objetivo supremo da maximização de lucros à custa do cidadão consumidor, tal como sugere a racionalidade econômica do empreendedor privado, a empresa estatal pode e deve conduzir seus negócios no sentido de impor padrões de comportamento socialmente desejáveis aos demais concorrentes, buscando equilibrar o mercado mediante o aumento da produção ou a redução de preços, sempre dentro de limites razoáveis, de modo a impedir a realização de ganhos extraordinários. Em outras palavras, o que legitima a existência da empresa estatal não é mais o modelo de Estado desenvolvimentista ou a necessidade do planejamento econômico abrangente, mas o propósito de orientar a atuação dos agentes econômicos privados, para fortalecer a competição em prol do consumidor e promover a redistribuição. (PINTO JUNIOR, 2013, p. 54-55).

As empresas estatais passam a ter como função a realização de políticas públicas e a conduzir seus negócios de modo a realizar a regulação do mercado, fomentando a concorrência e aumentando ou diminuindo sua produção, no intuito de equilibrar preços. O atual papel estatal é o de praticar uma concorrência regulatória.

Quanto ao futuro das empresas estatais no Brasil, são utópicas, as expectativas neoliberais de que a privatização seja a única alternativa às empresas estatais. As empresas estatais são e continuarão necessárias, principalmente, no tocante à prestação de serviços de interesse público, que exijam monopólio estratégico, em setores importantes nos quais não há investimento privado ou mesmo em setores de difícil regulação (SILVA, 1997).

É necessário, pois, um redirecionamento do papel do Estado quando da intervenção direta na economia por meio das empresas estatais.

2.4 Regime jurídico das empresas estatais

A CRFB reza um regime capitalista organizado, optando pelo regime econômico liberal, e somente admite uma intervenção do Estado no intuito de coibir possíveis abusos e permitir uma livre concorrência. Nesse sentido, o art. 173, *caput*, da CRFB:

> Art. 173. Ressalvados os casos previstos nesta Constituição, a exploração direta de atividade econômica pelo Estado só será permitida quando necessária aos imperativos da segurança nacional ou a relevante interesse coletivo, conforme definidos em lei. (BRASIL, 1988).

Nesses casos, o Estado instituirá sociedade de economia mista ou empresa pública, para que possa exercer a exploração econômica.

Conforme as lições de Marinela, a expressão "Administração Pública":

> [...] pode ser utilizada para definir a atividade administrativa exercida pelo Estado, denominada, nessa hipótese, Administração em seu critério material ou objetivo. Admite-se, ainda, sua aplicação para referir-se ao conjunto de órgãos, entidades e pessoas instituídas para consecução dos objetivos do Estado, definidos pelo governo. (MARINELA, 2015, p. 125).

No sentido subjetivo, Administração Pública se refere aos órgãos ou pessoas que desempenham a função administrativa.

Com a superação do Estado Liberal e o surgimento do Estado Social, várias atividades foram retiradas do núcleo central da Administração Pública, em busca do aperfeiçoamento, sendo transferidas para outras pessoas – é a chamada administração descentralizada. A descentralização administrativa decorre da necessidade de racionalização crescente das atividades estatais, com uma especialização dos respectivos entes.

À maneira que o Estado assumiu atribuições na esfera social e econômica, houve a necessidade de buscar uma ferramenta para gerir o serviço público e a atividade privada promovida pela Administração Pública, exigindo-se a descentralização administrativa (PINTO JÚNIOR, 2013).

Quando a atividade administrativa é prestada pelo próprio Estado, por meio de seus órgãos, está-se diante da administração centralizada ou direta, acerca da qual, Marinela afirma:

> Nessa hipótese, a prestação é feita pela própria Administração Direta, que é composta pelas pessoas políticas: União, Estados, Municípios e Distrito Federal. Dessa forma, na Administração Centralizada o exercício da competência administrativa está unicamente no ente federativo, observando que esse ente público, apesar de estar sujeito à descentralização política, em razão da distribuição constitucional de competências, atua de forma centralizada na prestação da atividade administrativa. (MARINELA, 2015, p. 128).

Pela centralização, o Estado executa suas atividades diretamente, seja por meio dos seus órgãos, seja por meio dos seus agentes administrativos.

Já no tocante à atividade descentralizada ou indireta, o Estado executa suas tarefas indiretamente, por meio da delegação de sua realização a outras entidades. Trata-se, pois, a Administração Indireta, do conjunto de pessoas administrativas que estão vinculadas à Administração Direta, com o escopo de executar as atividades administrativas de forma descentralizada (CARVALHO FILHO, 2016).

A atividade é distribuída a uma pessoa diferente. Na descentralização, pressupõe-se uma nova pessoa, não havendo hierarquia, mas somente controle e fiscalização. Há o deslocamento da atividade administrativa para a Administração Indireta ou para particulares, podendo ocorrer por meio de outorga ou delegação.

Nesse sentido, são os ensinamentos de Fernanda Marinela:

> Para a doutrina brasileira, a titularidade dos serviços e atividades públicas não pode sair das mãos do Poder Público, só sendo possível essa transferência para as pessoas da Administração Indireta, mais especificamente as de direito público, como é o caso das autarquias e das fundações públicas de direito público, o que se define como outorga de serviços públicos, a qual depende de lei para sua realização. (MARINELA, 2015, p. 130).

Há, também, a descentralização por colaboração, que ocorre quando a Administração transfere a execução de determinado serviço público à pessoa jurídica de direito privado previamente existente. Nessa hipótese, o Poder Público conserva a titularidade do serviço, podendo dispor sobre ele de acordo com o interesse público. O instrumento de formalização, via de regra, é um contrato ou um ato administrativo unilateral, nada impedindo que também ocorra por lei. Denomina-se delegação de serviços.

A descentralização se opera por meio de outorga, formalizada por lei, e o Estado transfere, por tempo indeterminado, a execução e a titularidade do serviço a um ente que integrará Administração Indireta, sendo essa forma de descentralização também denominada de descentralização por serviços. Além disso, pode ser realizada a descentralização por meio de delegação, via contrato por tempo determinado (concessão ou permissão), pelo qual o Estado transfere a execução de um serviço público a um particular que não integra a Administração Pública em sentido formal.

Como se percebe, a Administração Indireta é sempre descentralizada, mas nem toda descentralização de serviços implica dizer que haverá Administração Indireta, já que a mesma também pode ser operada em relação a particular.

A Administração Indireta compreende as entidades estatais de direito público, isto é, autarquias e fundações públicas, e as entidades estatais de direito privado, isto é, as empresas estatais e as fundações de direito privado.

No tocante à realização da atividade econômica empresarial, o Estado brasileiro criou duas modalidades de empresas estatais: a empresa pública e a sociedade de economia mista.

Para Carvalho, empresa estatal é conceituada da seguinte forma:

> A expressão engloba as empresas públicas e as sociedades de economia mista, ambas sociedades, civis ou comerciais, que possuem o Estado como controlador acionário, criadas por meio de autorização de lei específica. A Empresa Estatal é uma pessoa jurídica criada por força de autorização legal para ser instrumento de ação pelo Estado. A sua personalidade é de direito privado, todavia, submete-se, em diversas situações, a regras e princípios de direito público, derrogadores deste regime privado. (CARVALHO, 2015, p. 196).

Tanto as empresas públicas quanto as sociedades de economia mista são pessoas jurídicas de direito privado integrantes da Administração Pública Indireta e regidas por um regime predominantemente de direito privado.

As empresas estatais são aquelas cujo capital tem participação do Estado: empresas públicas e sociedades de economia mista. As empresas estatais são dotadas de personalidade jurídica de direito privado, e o Estado, utilizando-as como ferramenta, atua no mercado produzindo bens e oferecendo serviços.

A CRFB de 1988 faz uma referência expressa às empresas estatais, ao tratar dos princípios que informam a atividade econômica.

O § 1° diz que, quando exploram atividade econômica, as empresas estatais devem se sujeitar ao regime próprio das empresas privadas.

O objetivo da instituição das empresas estatais é o desempenho de atividades de caráter econômico. Mostram-se verdadeiros instrumentos de atuação do Estado no papel de empresário.

No Brasil, destacam-se duas formas básicas de empresas estatais. Em primeiro lugar, estão aquelas que exploram atividade econômica, as quais possuem um regime jurídico mais próximo ao direito privado. Em segundo lugar, estão aquelas que prestam serviços públicos, recebendo uma maior influência do direito público, em função do serviço que prestam (PESSOA, 2013).

Nos termos da CRFB de 1988, a criação de empresas estatais se dá de forma excepcional, em obediência ao princípio da subsidiariedade, que impõe que o Estado somente atue na área econômica de forma subsidiária, quando o particular não puder ou não tiver condições de fazê-lo.

O Estado, apenas de forma excepcional, pode se dedicar a essa atividade econômica, somente sendo admitida a sua intervenção na economia por meio das empresas estatais, sob a fundamentação de motivos de segurança nacional ou de interesse coletivo. Isso porque, nos termos do art. 170[2] da CRFB, é ao particular que cabe a iniciativa para exploração de atividades econômicas.

---

2 Art. 170. A ordem econômica, fundada na valorização do trabalho humano e na livre iniciativa, tem por fim assegurar a todos existência digna, conforme os ditames da justiça social, observados os seguintes princípios:
I - soberania nacional;
II - propriedade privada;
III - função social da propriedade;IV - livre concorrência;V - defesa do consumidor;
VI - defesa do meio ambiente;
VII - redução das desigualdades regionais e sociais;
VIII - busca do pleno emprego;
IX - tratamento favorecido para as empresas brasileiras de capital nacional de pequeno porte.

Críticas são feitas à terminologia "empresas públicas", tendo em vista que o termo "público" pode transmitir a impressão de que se tratam de pessoas jurídicas de direito público. Acerca dessa crítica à terminologia, Carvalho Filho esclarece:

> A terminologia que dá o nome às empresas públicas é realmente de grande imprecisão. O termo públicas pode denotar, em princípio, que se trata de pessoas de direito público, mas assim não é; contrariamente, cuida-se de pessoas de direito privado. O adjetivo apenas indica que a entidade é vinculada ao Poder Público, fato que a exclui do setor privado em sentido estrito. A expressão empresa pública é adotada em vários países (Itália, Inglaterra, França e Alemanha), nem sempre com idêntico delineamento, mas com a possibilidade de caracterizar, por vezes, o "Estado-empresário". (CARVALHO FILHO, 2015, p. 515).

As empresas públicas, como espécie do gênero empresas estatais, são pessoas jurídicas de direito privado, possuindo capital exclusivamente público, com a finalidade de prestar serviços públicos ou explorar atividade econômica. As empresas públicas podem ser constituídas por qualquer modalidade empresarial.

O art. 3° da Lei n.° 13.303/2016, denominada Estatuto Jurídico das Empresas Estatais, define empresa pública como: "[...] a entidade dotada de personalidade jurídica de direito privado, com criação autorizada por lei e com patrimônio próprio, cujo capital social é integralmente detido pela União, pelos Estados, pelo Distrito Federal ou pelos Municípios" (BRASIL, 2016).

Parágrafo único. É assegurado a todos o livre exercício de qualquer atividade econômica, independentemente de autorização de órgãos públicos, salvo nos casos previstos em lei.

O capital social das empresas públicas será exclusivamente do Poder Público, de forma que adotarão qualquer tipo societário previsto no Direito brasileiro.

Segundo Meirelles, "o que caracteriza a empresa pública é seu capital exclusivamente público, de um só ou de várias entidades, mas sempre capital público" (MEIRELLES, 1994, p. 327). Como exemplos de empresas públicas, podem ser citadas, o Banco Nacional de Desenvolvimento Econômico e Social (BNDES), a Empresa Brasileira de Correios e Telégrafos (Correios) e a Caixa Econômica Federal.

No tocante à sociedade de economia mista, também se trata de uma pessoa jurídica de direito privado, possuindo capital misto, ou seja, parte de origem pública e parte de origem privada. Porém, a maioria do capital votante é do Poder Público, possuindo o escopo de prestar serviço público ou explorar atividade econômica. As sociedades de economia mista, diferentemente das empresas públicas, somente podem ser constituídas sob o tipo de sociedade anônima.

Marinela conceitua a sociedade de economia mista, dando ênfase à sua forma de sociedade anônima:

> A sociedade de economia mista, por sua vez, é pessoa jurídica cuja criação é autorizada por lei. É um instrumento de ação do Estado, dotada de personalidade de direito privado, mas submetida a certas regras especiais decorrentes de sua finalidade pública, constituída sob a forma de sociedade anônima, cujas ações, com direito a voto, pertencem, em sua maioria, ao ente político ou à entidade de sua Administração Indireta, admitindo-se que seu remanescente acionário seja de propriedade particular. As suas finalidades também são prestar serviços públicos ou explorar atividade econômica. (MARINELA, 2015, p. 184).

Nas sociedades de economia mista, o capital social é formado pelo Poder Público e pelo particular, somente podendo ser constituídas por meio da modalidade sociedade anônima, estando submetidas às normas da Lei n.° 6.604/76, denominada Lei das Sociedades Anônimas.

O art. 4° do Estatuto Jurídico das Empresas Estatais define sociedade de economia mista nos seguintes termos:

> Art. 4° Sociedade de economia mista é a entidade dotada de personalidade jurídica de direito privado, com criação autorizada por lei, sob a forma de sociedade anônima, cujas ações com direito a voto pertençam em sua maioria à União, aos Estados, ao Distrito Federal, aos Municípios ou a entidade da administração indireta.
> § 1o A pessoa jurídica que controla a sociedade de economia mista tem os deveres e as responsabilidades do acionista controlador, estabelecidos na Lei nº 6.404, de 15 de dezembro de 1976, e deverá exercer o poder de controle no interesse da companhia, respeitado o interesse público que justificou sua criação.
> § 2o Além das normas previstas nesta Lei, a sociedade de economia mista com registro na Comissão de Valores Mobiliários sujeita-se às disposições da Lei no 6.385, de 7 de dezembro de 1976. (BRASIL, 2016).

Como exemplos de sociedades de economia mista, podem ser citadas, o Banco do Brasil, a Petrobras, o Banco do Nordeste do Brasil (BNB) e a Telecomunicações Brasileiras (Telebrás).

A presença dessas empresas estatais é muito comum na sociedade brasileira, seja para a exploração de atividades econômicas, seja para a prestação de determinados serviços públicos, e sua disciplina está prevista na Lei n.° 13.303/16.

A citada lei define o regime jurídico das empresas públicas e sociedades de economia mista, conforme determinado pela CRFB.

O art. 173 da CRFB trata da exploração direta da atividade econômica pelo Estado. Esse dispositivo restringe bastante a exploração direta do Estado na economia, havendo a necessidade de demonstração de imperativos de segurança nacional ou relevante interesse coletivo. O parágrafo primeiro desse art. determina que a lei estabelecerá o estatuto jurídico das empresas estatais que explorem atividade econômica de produção ou comercialização de bens ou de prestação de serviços.

Em consonância com o art. 173 da CRFB, a referida lei prescreve normas acerca do estatuto jurídico, regime societário e função social da empresa pública e da sociedade de economia mista, determinando regras que se aplicam às empresas estatais no tocante às licitações, contratos administrativos e formas de fiscalização do Estado e da sociedade.

A CRFB prevê que, para o Estado atuar diretamente na atividade econômica por meio das empresas estatais, a lei estabeleceria um estatuto jurídico que dispusesse de: I) função social e fiscalização pelo Estado e pela sociedade; II) sujeição das empresas estatais ao regime jurídico próprio das empresas privadas; III) normas específicas acerca de licitação; IV) constituição e funcionamento dos Conselhos de Administração e Fiscal das empresas estatais e; V) mandatos, avaliação de desempenho e responsabilidade dos administradores.

A Lei n. 13.303/2016 apresenta regras relativas a questões societárias, como *compliance* e governança, mas também apresenta regras relativas a licitações e contratos. Nesse capítulo, dar-se-á ênfase ao tema licitações e contratos, pois as regras societárias serão observadas em capítulos seguintes.

Quanto à abrangência da norma, trata-se de uma lei nacional, válida para a União, Estados, Distrito Federal e Municípios. Suas regras serão aplicadas a todas as empresas públicas e sociedades de economia mista de qualquer ente da federação que explore atividade econômica ou prestação de serviços públicos.

Nesse sentido, não há distinção quanto àquelas empresas que exploram atividades econômicas ou prestem serviços públicos, todas devendo obediência à mesma.

A Lei das Estatais mescla institutos do direito público e do direito privado, estabelecendo um regime jurídico às empresas estatais. Essa lei veio para suprir a lacuna normativa, estabelecendo o Estatuto Jurídico das Empresas Públicas e Sociedades de Economia Mista.

Nos termos do art. 1°[3], citada lei se aplica a toda e qualquer empresa pública ou sociedade de economia mista que explore atividade econômica de produção ou comercialização de bens ou de prestação de serviços, ainda que a atividade econômica esteja sujeita ao regime de monopólio da União, ou seja, de prestação de serviços públicos.

Com isso, a lei não faz distinção em relação à empresa estatal exploradora de atividade econômica ou prestadora de serviços públicos, aplicando-se indistintamente a ambas as entidades. Essa lei também será aplicada às empresas públicas ou sociedades de economia mista que participem de consórcios. Aplica-se também às sociedades, inclusive, com propósito específico, que seja controlada por empresa pública ou sociedade de economia mista.

O art. 91 estabelece o prazo que as empresas públicas e sociedades de economia mista terão para se adaptar à Lei das Estatais:

> Art. 91. A empresa pública e a sociedade de economia mista constituídas anteriormente à vigência desta Lei deverão, no prazo de 24 (vinte e quatro) meses, promover as adaptações necessárias à adequação ao disposto nesta Lei.

---

3 Art. 1° Esta Lei dispõe sobre o estatuto jurídico da empresa pública, da sociedade de economia mista e de suas subsidiárias, abrangendo toda e qualquer empresa pública e sociedade de economia mista da União, dos Estados, do Distrito Federal e dos Municípios que explore atividade econômica de produção ou comercialização de bens ou de prestação de serviços, ainda que a atividade econômica esteja sujeita ao regime de monopólio da União ou seja de prestação de serviços públicos.

> § 1o A sociedade de economia mista que tiver capital fechado na data de entrada em vigor desta Lei poderá, observado o prazo estabelecido no caput, ser transformada em empresa pública, mediante resgate, pela empresa, da totalidade das ações de titularidade de acionistas privados, com base no valor de patrimônio líquido constante do último balanço aprovado pela assembleia-geral.
> § 2o (VETADO).
> § 3o Permanecem regidos pela legislação anterior procedimentos licitatórios e contratos iniciados ou celebrados até o final do prazo previsto no caput. (BRASIL, 2016).

É determinado, que as empresas públicas e sociedades de economia mista promovam adaptações para se adequarem a essa lei no prazo de 24 meses. Os procedimentos licitatórios e os contratos iniciados ou celebrados até o final do prazo de 24 meses da vigência da lei permanecem regidos pela legislação anterior, a Lei n. 8.666/1993.

Em ano eleitoral, serão vedadas despesas com publicidade e patrocínio que excedam a média dos gastos nos últimos três anos ou no ano anterior.

Outra grande novidade que a lei trouxe foi a questão das licitações e contratos no âmbito das empresas estatais. Anteriormente, havia uma discussão acerca da aplicação da Lei n. 8.666/1993 às empresas estatais.

A CRFB, no art. 22, XXVII[4], estabelece que compete à União legislar sobre normas gerais de licitação e contratação, de forma que, para as empresas públicas e sociedades de economia mista,

---

4 Art. 22. Compete privativamente à União legislar sobre:
[...]
XXVII - normas gerais de licitação e contratação, em todas as modalidades, para as administrações públicas diretas, autárquicas e fundacionais da União, Estados, Distrito Federal e Municípios, obedecido o disposto no art. 37, XXI, e para as empresas públicas e sociedades de economia mista, nos termos do art. 173, § 1º, III;

devem-se observar os termos do art. 173, § 1°, III, que estabelece a criação de um estatuto jurídico para essas empresas, o qual dispõe, entre outras coisas, sobre licitações e contratos (BRASIL, 1988).

A Lei n. 8.666/93, em regra, não se aplica mais às empresas públicas e sociedades de economia mista, somente tendo aplicação quando houver uma hipóteses expressa na Lei n. 13.303/2016, dispondo sobre sua aplicação, como por exemplo nos arts. 41 e 55, III.

A Lei n. 10.520/2002, denominada Lei do Pregão, continua a ser aplicada às empresas públicas e sociedades de economia mista como modalidade para aquisição de bens e serviços comuns.

A licitação é a regra. Os contratos com terceiros serão precedidos de licitação, nos termos do art. 28, *caput*. Veja-se:

> Art. 28. Os contratos com terceiros destinados à prestação de serviços às empresas públicas e às sociedades de economia mista, inclusive de engenharia e de publicidade, à aquisição e à locação de bens, à alienação de bens e ativos integrantes do respectivo patrimônio ou à execução de obras a serem integradas a esse patrimônio, bem como à implementação de ônus real sobre tais bens, serão precedidos de licitação nos termos desta Lei, ressalvadas as hipóteses previstas nos arts. 29 e 30. (BRASIL, 2016).

A própria lei traz exceções a essa regra de licitar, dentre as quais, a licitação dispensada (art. 28, §3°), a licitação dispensável (art. 29) e inexigibilidade de licitação (art. 30).

São finalidades da licitação, no âmbito das empresas estatais: a) selecionar a proposta mais vantajosa e; b) evitar o sobrepreço e o superfaturamento.

O art. 31 ainda menciona que são princípios aplicados às licitações e contratos no âmbito das estatais:

> [...] os princípios da impessoalidade, da moralidade, da igualdade, da publicidade, da eficiência, da probidade administrativa, da economicidade, do desenvolvimento nacional sustentável, da vinculação ao instrumento convocatório, da obtenção de competitividade e do julgamento objetivo. (BRASIL, 2016).

As empresas estatais, quanto à divulgação das informações, devem disponibilizar um banco de dados de licitações e contratos com acesso em tempo real aos órgãos de controle, nos termos do art. 86[5]. As estatais também deverão divulgar informações mensais sobre a execução dos contratos e orçamento disponíveis ao público, sendo admitidos até dois meses de retardo, conforme o art. 88[6].

O art. 87[7] passa a tratar do controle das despesas contratuais, trazendo normas bem parecidas com aquilo previsto na Lei de Licitações.

---

5 Art. 86. As informações das empresas públicas e das sociedades de economia mista relativas a licitações e contratos, inclusive aqueles referentes a bases de preços, constarão de bancos de dados eletrônicos atualizados e com acesso em tempo real aos órgãos de controle competentes.

6 Art. 88. As empresas públicas e as sociedades de economia mista deverão disponibilizar para conhecimento público, por meio eletrônico, informação completa mensalmente atualizada sobre a execução de seus contratos e de seu orçamento, admitindo-se retardo de até 2 (dois) meses na divulgação das informações.

7 Art. 87. O controle das despesas decorrentes dos contratos e demais instrumentos regidos por esta Lei será feito pelos órgãos do sistema de controle interno e pelo tribunal de contas competente, na forma da legislação pertinente, ficando as empresas públicas e as sociedades de economia mista responsáveis pela demonstração da legalidade e da regularidade da despesa e da execução, nos termos da Constituição.
1º Qualquer cidadão é parte legítima para impugnar edital de licitação por irregularidade na aplicação desta Lei, devendo protocolar o pedido até 5 (cinco) dias úteis antes da data fixada para a ocorrência do certame, devendo a entidade julgar e responder à impugnação em até 3 (três) dias úteis, sem prejuízo da faculdade prevista no 2o.
§ 2º Qualquer militante, contratado ou pessoa física ou pessoa jurídica poderá representar ao tribunal de contas ou aos órgãos integrantes do sistema de controle interno contra irregularidades na aplicação desta Lei, para os fins do dispostoneste artigo.

Nesses termos, qualquer cidadão poderá impugnar edital de licitação, no prazo de até cinco dias úteis antes da data fixada para a ocorrência do certame, devendo, a entidade, julgar e responder à impugnação em até três dias úteis.

Além disso, qualquer licitante, contratado ou pessoa física ou jurídica, poderá representar ao Tribunal de Contas ou aos órgãos de controle interno contra irregularidades relativas a licitações e contratos.

Os Tribunais de Contas e os órgãos de controle interno podem solicitar para exame, a qualquer tempo, documentos de natureza contábil, financeira, orçamentária, patrimonial e operacional, assim como determinar medidas corretivas às empresas estatais.

Essa lei, a partir de um modelo híbrido, o qual incorpora preceitos do direito público e do direito privado, disciplina a administração das empresas estatais, buscando aumentar sua eficiência com a utilização de regras de governança corporativa e transparência.

2.5 Modalidade e organização empresarial das empresas estatais

Como mencionado alhures, uma das distinções entre as sociedades de economia mista e as empresas públicas é a sua modalidade empresarial, de forma que, enquanto as sociedades de economia mista somente podem ser constituídas sob a modalidade de sociedade anônima, as empresas públicas poderão ser constituídas sob qualquer modalidade.

---

§ 3º Os tribunais de contas e os órgãos integrantes do sistema de controle interno poderão solicitar para exame, a qualquer tempo, documentos de natureza contábil, financeira, orçamentária, patrimonial e operacional das empresas públicas, das sociedades de economia mista e de suas subsidiárias no Brasil e no exterior, obrigando-se, os jurisdicionados, à adoção das medidas corretivas pertinentes que, em função desse exame, lhes forem determinadas.

Ao explicar a modalidade empresarial das empresas públicas, Di Pietro defende:

> No que diz respeito à forma, como a lei não impõe qualquer forma específica, a conclusão é que a lei instituidora da empresa pública é que a definirá, podendo defini-la livremente na lei instituidora ou simplesmente adotar uma das formas já previstas na legislação. Na vigência do Decreto-lei nº 200 surgiram empresas públicas com formas inéditas, algumas sem a forma societária. Havia empresas públicas unipessoais. (DI PIETRO, 2017, p. 561).

Perceba-se, pois, a dificuldade de se apresentar uma organização empresarial para as empresas públicas, tendo em vista a possibilidade de se moldarem a partir de qualquer modalidade empresarial existente no nosso ordenamento, ou até mesmo de uma nova modalidade definida no seu estatuto.

Em virtude disso, estudar-se-á a modalidade empresarial das sociedades de economia mista, qual seja, a sociedade anônima, que tem suas regras definidas na Lei n. 6.404/1976.

Conforme prelecionam, Bertoldi e Ribeiro:

> Nos termos do artigo 37, XIX, da CF, o surgimento de uma sociedade de economia mista depende de autorização legislativa; no entanto, uma vez autorizada, a sua constituição se regerá pelas normas da Lei 6.404/76. Aliás, devemos assinalar que a sociedade mista esta sujeita ao regime jurídico próprio das empresas privadas, inclusive quanto aos direitos e obrigações civis, comerciais, trabalhistas e tributárias (CF, art. 173, §1°, II). (BERTOLDI; RIBEIRO, 2009, p. 228).

Como mencionado acima, a sociedade de economia mista é uma entidade dotada de personalidade jurídica de direito privado, com criação autorizada por lei sob a forma de sociedade anônima, cujas ações com direito de voto pertençam, em sua maioria, à Administração Direta.

A sociedade anônima é uma sociedade de capital, ou seja, em regra, as suas ações são transferíveis entre pessoas, havendo uma livre negociação das ações. Nesse sentido, Fábio Ulhoa conceitua sociedades anônimas como "a sociedade empresária com capital social dividido em valores mobiliários representativos de um investimento (as ações), cujos sócios têm, pelas obrigações sociais, responsabilidade limitada ao preço de emissão das ações que titularizam" (COELHO, 2010, p. 70).

Essas são classificadas em abertas e fechadas, nos termos do art. 4° da Lei n.° 6.404/76[8]. As companhias cujas ações não são oferecidas ao público em geral são chamadas de companhias fechadas; ao contrário, aquelas companhias caracterizadas pelo fato de buscarem recursos junto ao público em geral, oferecendo ações para quaisquer pessoas, por meio das bolsas de valores, são as companhias abertas.

Coelho distingue mencionadas companhias da seguinte forma:

> A principal classificação das sociedades anônimas divide-as em abertas e fechadas. Na primeira categoria, encontram-se aquelas cujos valores mobiliários são admitidos à negociação nas bolsas de valores ou mercado de balcão (estes são os "mercados de valores mobiliários"); na outra, estão as demais, isto é, as que não emitem valores mobiliários negociáveis nesse mercado. (COELHO, 2010, p. 70).

8 Art. 4º Para os efeitos desta Lei, a companhia é aberta ou fechada conforme os valores mobiliários de sua emissão estejam ou não admitidos à negociação no mercado de valores mobiliários.

A estrutura da sociedade anônima é composta por quatro órgãos: Assembleia Geral, Conselho de Administração, Diretoria e Conselho Fiscal.

O Conselho de Administração não é obrigatório em todas as empresas, mas somente nas companhias abertas, companhias de capital autorizado e sociedades de economia mista. Percebe-se, pois, a obrigatoriedade do Conselho de Administração nas sociedades de economia mista.

Nas demais empresas, como, por exemplo, na sociedade anônima de capital fechado, o Conselho de Administração é facultativo, dependendo do estatuto social para a sua existência.

A Assembleia Geral é responsável por tomar as decisões rotineiras da sociedade, em forma de voto. Essas decisões são limitadas a concordar ou não com aquilo que é estabelecido pelo Conselho de Administração. Participam dessas decisões, os acionistas que possuem direito de voto, ou seja, os acionistas que compraram ações ordinárias e eventualmente as preferenciais que possuem direito de voto.

A Assembleia Geral pode ser ordinária ou extraordinária. A Assembleia Geral Ordinária acontece sempre nos quatro primeiros meses, após o término do exercício, na qual são tratadas as matérias do art. 132 da Lei das Sociedades Anônimas, quais sejam:

> Art. 132. Anualmente, nos 4 (quatro) primeiros meses seguintes ao término do exercício social, deverá haver 1 (uma) assembléia-geral para:
> I - tomar as contas dos administradores, examinar, discutir e votar as demonstrações financeiras;
> II - deliberar sobre a destinação do lucro líquido do exercício e a distribuição de dividendos;
> III - eleger os administradores e os membros do conselho fiscal, quando for o caso;
> IV - aprovar a correção da expressão monetária do capital social (artigo 167). (BRASIL, 1976).

Em se tratando de assuntos diferenciados, como, por exemplo, a alteração do estatuto social, há necessidade de uma Assembleia Extraordinária, na qual devem ser tratados todos os temas que estiverem fora do art. 132.

A Assembleia Geral é convocada por edital, com dia, hora e local determinados. Esse edital deve ser publicado no diário oficial e em jornal de grande circulação por três meses, de forma que a primeira publicação deve ser feita com pelo meses 15 dias de antecedência da Assembleia Geral, se a Sociedade Anônima for de capital aberto. Caso se trate de uma sociedade anônima de capital fechado, a anterioridade deve ser de oito dias da primeira publicação. O *quórum* de instalação da Assembleia Geral é de um quarto do capital votante.

O Conselho de Administração é responsável por fixar as diretrizes e definir temas a serem votados pela Assembleia. Os administradores são eleitos pela Assembleia Geral para o Conselho de Administração, em um número mínimo de três pessoas, com um mandato de, pelo menos, três anos. Os administradores devem ser necessariamente acionistas.

O administrador presta contas de seus atos, de modo que, caso tenha agido de forma a contrariar o interesse da sociedade ou se beneficiar, poderá ser responsabilizado. Os arts. 158 e 159 da Lei das Sociedades Anônimas tratam da responsabilização dos administradores nos seguintes termos:

> Art. 158. O administrador não é pessoalmente responsável pelas obrigações que contrair em nome da sociedade e em virtude de ato regular de gestão; responde, porém, civilmente, pelos prejuízos que causar, quando proceder:
> I - dentro de suas atribuições ou poderes, com culpa ou dolo;
> II - com violação da lei ou do estatuto.
> § 1º O administrador não é responsável por atos ilícitos de outros administradores, salvo se com eles for conivente, se

negligenciar em descobri-los ou se, deles tendo conhecimento, deixar de agir para impedir a sua prática. Exime-se de responsabilidade o administrador dissidente que faça consignar sua divergência em ata de reunião do órgão de administração ou, não sendo possível, dela dê ciência imediata e por escrito ao órgão da administração, no conselho fiscal, se em funcionamento, ou à assembléia-geral.

§ 2º Os administradores são solidariamente responsáveis pelos prejuízos causados em virtude do não cumprimento dos deveres impostos por lei para assegurar o funcionamento normal da companhia, ainda que, pelo estatuto, tais deveres não caibam a todos eles.

§ 3º Nas companhias abertas, a responsabilidade de que trata o § 2º ficará restrita, ressalvado o disposto no § 4º, aos administradores que, por disposição do estatuto, tenham atribuição específica de dar cumprimento àqueles deveres.

§ 4º O administrador que, tendo conhecimento do não cumprimento desses deveres por seu predecessor, ou pelo administrador competente nos termos do § 3º, deixar de comunicar o fato a assembléia-geral, tornar-se-á por ele solidariamente responsável.

§ 5º Responderá solidariamente com o administrador quem, com o fim de obter vantagem para si ou para outrem, concorrer para a prática de ato com violação da lei ou do estatuto.

Art. 159. Compete à companhia, mediante prévia deliberação da assembléia-geral, a ação de responsabilidade civil contra o administrador, pelos prejuízos causados ao seu patrimônio.

§ 1º A deliberação poderá ser tomada em assembléia-geral ordinária e, se prevista na ordem do dia, ou for conse-

> qüência direta de assunto nela incluído, em assembléia-geral extraordinária.
> § 2º O administrador ou administradores contra os quais deva ser proposta ação ficarão impedidos e deverão ser substituídos na mesma assembléia.
> § 3º Qualquer acionista poderá promover a ação, se não for proposta no prazo de 3 (três) meses da deliberação da assembléia-geral.
> § 4º Se a assembléia deliberar não promover a ação, poderá ela ser proposta por acionistas que representem 5% (cinco por cento), pelo menos, do capital social.
> § 5° Os resultados da ação promovida por acionista deferem-se à companhia, mas esta deverá indenizá-lo, até o limite daqueles resultados, de todas as despesas em que tiver incorrido, inclusive correção monetária e juros dos dispêndios realizados.
> § 6° O juiz poderá reconhecer a exclusão da responsabilidade do administrador, se convencido de que este agiu de boa-fé e visando ao interesse da companhia.
> § 7º A ação prevista neste artigo não exclui a que couber ao acionista ou terceiro diretamente prejudicado por ato de administrador. (BRASIL, 1976).

A responsabilização do administrador é decidida pela Assembleia Geral Ordinária. No entanto, caso a Assembleia decida pela propositura da ação e não o faça em, no máximo, três meses, qualquer acionista poderá ajuizá-la. No entanto, caso a Assembleia decida que não foi cometido, ilícito algum, nem omissão em relação às atividades, os acionistas que tenham pelo menos cinco por cento do capital social podem ajuizar a ação, apesar da negativa da Assembleia Geral.

O Conselho de Administração é responsável por eleger os membros da diretoria, em um mínimo de duas pessoas. De acordo com a lei, a Diretoria representa e executa as decisões da Assembleia Geral, e seus diretores prestam contas ao Conselho de Administração.

Caso não exista Conselho de Administração, a Diretoria é eleita pela Assembleia Geral, acumulando as funções do Conselho de Administração.

Por outro lado, o Conselho Fiscal é responsável por fiscalizar as decisões de toda a sociedade. É um órgão composto por, no mínimo, três e, no máximo, cinco pessoas, sua existência é obrigatória, porém, seu trabalho depende de convocação pela Assembleia Geral.

No entanto, tratando-se de uma sociedade de economia mista, em razão do interesse público, a atuação do Conselho Fiscal não depende de convocação da Assembleia Geral.

2.6 Noções gerais acerca da função social da empresa estatal

A função social se trata de um desdobramento do princípio da função social da propriedade, elencado no art. 170, III, da CRFB, que prevê que "a ordem econômica, fundada na valorização do trabalho humano e na livre iniciativa, tem por fim assegurar a todos existência digna, conforme os ditames da justiça social, observados os seguintes princípios: III - função social da propriedade" (BRASIL, 1988).

A função social da empresa foi consagrada no ordenamento jurídico brasileiro, tratando-se do cumprimento, pela empresa, de suas obrigações legais e contratuais, bem como a adoção de práticas de sustentabilidade econômica, social e ambiental.

Ao tratar do conceito de função social, Comparato diz:

> Função, em direito, é um poder de agir sobre a esfera jurídica alheia, no interesse de outrem, jamais em proveito do próprio titular. A consideração dos objetivos legais é, portanto, decisiva nessa matéria, como legitimação do poder. A ilicitude, aí, não advém apenas das irregularidades for-

> mais, mas também do desvio de finalidade, caracterizando autêntica disfunção. Nem todo beneficiário do poder funcional, no entanto, é individuado, como sucede nas hipóteses de pátrio poder, tutela ou curatela, para ficarmos no campo do direito privado mais tradicional. Algumas vezes, interessados no exercício da função são pessoas indeterminadas e, portanto, não legitimadas a exercer pretensões pessoais e exclusivas contra o titular do poder. É nestas hipóteses, precisamente, que se deve falar em função social ou coletiva. (COMPARATO, 1983, p. 61-62).

A expressão "função social" guia as atividades humanas em busca do bem estar da coletividade. Segundo Magalhães, a expressão se trata de "um objetivo a ser alcançado em benefício da sociedade" (MAGALHÃES, 2007, p. 342).

Portanto, para que haja o cumprimento da função social, há a necessidade de que seja atingida, uma finalidade útil para a coletividade, de forma que não somente aqueles que estão envolvidos de forma direta sejam beneficiados.

Quanto ao empresário, a função social lhe impõe que atue adotando comportamentos em prol da coletividade. Exercerá sua função social, a empresa que atingir um objeto útil, não somente aos interessados diretamente, mas também à sociedade.

Sobre o assunto, Magalhães preleciona que, "considerando a função econômica da empresa como fonte geradora de riquezas, impostos, emprego e lucro, não é certo dizer que, só por funcionar, a empresa cumpre sua função social" (MAGALHÃES, 2007, p. 345).

Assim, para que a empresa exerça a sua função social de forma satisfatória, não basta que se mantenha ativa, gerando riquezas e lucros, mas também, é necessário que, ao exercer suas atividades econômicas, vise ao bem comum, não praticando ato que seja lesivo à comunidade. Busca-se, pois, que todos sejam beneficiados pela atividade empresarial.

Precisas, são as lições de Pereira sobre o tema:

> O homem é um ser social por natureza e, por isso, a empresa, no Estado Democrático de Direito, deixa de ser vista apenas sob a perspectiva de uma atividade que busca apenas lucros. Posto isso, transforma-se em vínculo intersubjetivo, entre diversas pessoas e bens, a respeito da organização dos fatores de produção, atuando, também, com a finalidade de exercer uma função social. (PEREIRA, 2010, p. 69).

Logo, a empresa não pode ser vista como uma ferramenta para satisfação de interesses exclusivos de seus sócios ou administradores, mas como um instrumento de busca do bem estar coletivo. Porém, isso também não quer dizer que a empresa deva se abster da busca pelo lucro:

> Logo, a função social não tira a liberdade do indivíduo de agir de acordo com os próprios interesses, mas terá deveres com a sociedade determinados pelos princípios e normas jurídicas, positivadas ou não, limitando a autonomia privada em razão do bem comum. Diante do exposto, a sociedade só poderá exigir das empresas a função social das atividades que constituem objeto dela, ou seja, ligado a sua atividade econômica exercida. Não é possível exigir, com fundamento na função social, deveres para os quais as empresas não foram criadas, porque senão só teria deveres e não direitos. (MAGALHÃES, 2007, p. 343).

A atividade empresarial deve servir como uma ferramenta em busca do bem-estar coletivo, e o empresário deve exercer suas atividades em benefício da coletividade. Pereira e Magalhães citam como benefícios da função social da empresa:

> [...] o fortalecimento da economia pela ampliação da circulação de riquezas, acréscimo de verbas para o bem-estar social, com o aumento dos tributos arrecadados pelo Estado, favorecimento ao consumidor, eis que terá a sua disposição maior variedade de produtos e a constante criação de oportunidades de negócios. (PEREIRA; MAGALHÃES, 2014, p. 61).

Quanto à função social das empresas estatais, é delimitada pelo imperativo de segurança nacional ou pelo interesse coletivo que veio justificar sua criação, conforme preleciona o art. 173, III, da CRFB. É o motivo pelo qual a empresa estatal foi autorizada pelo Estado, que define sua função social.

No entanto, a expressão "função social" ficou desde a edição da Lei n. 6.404/1976 até a edição da Lei n. 13.303/2016, sendo interpretada segundo a concepção sociológica do intérprete.

A Lei n. 13.303/2016 trouxe uma importante inovação, com a delimitação do conceito de função social da empresa estatal, cujo art. 27 determina o seguinte:

> Art. 27. A empresa pública e a sociedade de economia mista terão a função social de realização do interesse coletivo ou de atendimento a imperativo da segurança nacional expressa no instrumento de autorização legal para a sua criação.
>
> § 1º A realização do interesse coletivo de que trata este artigo deverá ser orientada para o alcance do bem-estar econômico e para a alocação socialmente eficiente dos recursos geridos pela empresa pública e pela sociedade de economia mista, bem como para o seguinte:
>
> I - ampliação economicamente sustentada do acesso de consumidores aos produtos e serviços da empresa pública ou da sociedade de economia mista;

> II - desenvolvimento ou emprego de tecnologia brasileira para produção e oferta de produtos e serviços da empresa pública ou da sociedade de economia mista, sempre de maneira economicamente justificada.
> § 2º A empresa pública e a sociedade de economia mista deverão, nos termos da lei, adotar práticas de sustentabilidade ambiental e de responsabilidade social corporativa compatíveis com o mercado em que atuam.
> § 3º A empresa pública e a sociedade de economia mista poderão celebrar convênio ou contrato de patrocínio com pessoa física ou com pessoa jurídica para promoção de atividades culturais, sociais, esportivas, educacionais e de inovação tecnológica, desde que comprovadamente vinculadas ao fortalecimento de sua marca, observando-se, no que couber, as normas de licitação e contratos desta Lei. (BRASIL, 2016).

Com isso, há uma vinculação da função social da empresa estatal ao alcance de seus objetivos, que constam na lei que autorizou sua criação.

As empresas estatais ainda poderão realizar convênios ou patrocínios, desde que tais atividades sejam comprovadamente vinculadas ao fortalecimento da sua marca, sendo observados, naquilo que couber, as normas de licitação e contratos, nos termos do §3° do art. 27 da Lei n. 13.303/2016. Percebe-se, então, a necessidade de um retorno lucrativo.

Sobre a função social das empresas estatais:

> Tais previsões específicas pretendem aumentar o cuidado com a utilização das receitas e com a adoção de determinadas políticas de gestão das estatais, pois todas elas precisam ser justificadas diante do objeto social e do interesse social da companhia, sem jamais perder de vista os interesses da comunhão acionária e da sustentabilidade e manutenção lucrativa da atividade empresarial. (FRAZÃO, 2017, p. 3).

Não se tratando de seu objeto social, até mesmo aquelas iniciativas que versem sobre a responsabilidade social voluntária devem ser justificadas e estar em consonância com os propósitos lucrativos da empresa estatal.

A Lei n. 13.303/2016 não inovou quanto à necessidade de que as empresas estatais exerçam sua função social, no entanto, delimitou e orientou seu exercício.

Logo, a observância da função social das empresas estatais significa que as mesmas cumprem com o seu objeto social, o qual é determinado pelo interesse coletivo ou a segurança nacional que ocasionou sua criação. Cada uma das empresas públicas ou sociedades de economia mista possuem um escopo e, consequentemente, uma função social determinada, a qual deve obedecer ao disposto no art. 27 da Lei das Estatais.

Ademais, para que cumpra sua função social, a empresa estatal, além de cumprir os objetivos determinados pela lei que autorizou sua criação, deverá alcançar uma finalidade útil para toda a sociedade.

3 Considerações gerais acerca da governança corporativa e do *compliance*

No Brasil, por meio das empresas estatais, o Estado, nas últimas décadas, passou a intervir excessivamente na economia, provocando o nascimento de inúmeras pessoas deficitárias e inoperantes, e, em virtude da necessidade de conter gastos públicos, houve a criação do Programa Nacional de Desestatização, pelo qual as empresas estatais têm passado à iniciativa privada (CARVALHO FILHO, 2016).

Mesmo com a onda de privatizações ocorrida a partir da década de 1980, as empresas controladas pelo Estado ainda representam uma parte substancial do Produto Interno Bruto (PIB), emprego e capitalização de mercado. Percebe-se, pois, a necessidade de estabelecer novos mecanismos de controle e fortalecimento dessas empresas estatais, tendo em vista que, em regra, no Brasil, quando uma sociedade de economia mista ou empresa pública entra em processo de insolvência, o Poder Público vende o controle da entidade.

Há a necessidade de utilização de mecanismos do direito público e do direito privado, pois, de um lado, está o Estado, que se utiliza das formas societárias para a busca do interesse público; de outro lado, estão os acionistas privados, ou até mesmo o próprio interesse coletivo, aguardando o retorno do investimento financeiro. Um desses mecanismos é a governança corporativa.

Tendo em vista os interesses públicos e privados nas empresas estatais, deve-se buscar, sobretudo, a proteção da empresa estatal contra as arbitrariedades e irresponsabilidades do Estado, as quais ocasionam prejuízos aos cofres públicos e aos acionistas particulares. Adverte, Pinto Júnior, que "a atuação do Estado como agente econômico se faz possível através das empresas estatais, uma apropriação pela administração pública, de uma técnica organizacional própria do direito privado, livre de entraves burocráticos" (PINTO JÚNIOR, 2009, p. 11).

Dessa forma, as empresas públicas devem observar múltiplas e diferentes necessidades da gestão moderna, fugindo a padrões rígidos, formais e burocráticos, com o intuito de atingir os padrões de eficiência semelhantes aos da iniciativa privada. Para isso, devem-se buscar institutos do direito privado, como a governança corporativa e o *compliance*, afastando o corporativismo, a falta de compromisso com os resultados positivos e o aparelhamento político-partidário, conseguindo-se uma empresa pública eficiente na produção de resultados significativos, em contraponto à atual empresa estatal pautada no sistema administrativo burocrático.

3.1 Antecedentes históricos da governança corporativa

O termo *corporate governance* somente surgiu por volta da década de 1980, porém, isso não impediu que práticas semelhantes tivessem sido utilizadas há vários séculos, ainda que de forma embrionária, nas primeiras sociedades por ações. Várias, são as evidências que demonstram que as práticas de governança são realizadas há séculos, principalmente, naquilo que diz respeito às grandes organizações.

As primeiras formas, mesmo que ainda embrionárias, de organização empresarial remontam à antiguidade. Defende-se que as primeiras formas de organização empresarial surgiram em Roma, com as *societas*. Nesse sentido:

> Para alguns autores, as societas dos romanos foram as primeiras entidades empresariais do mundo. Elas eram associações de pessoas criadas para explorar alguma atividade específica, tais como o transporte marítimo e o comércio de alimentos, dividindo ao final os ganhos auferidos. (SILVEIRA, 2015, p. 23).

Séculos depois, surgem, na Itália, as *compagnias*, as quais, em regra, eram entidades familiares, nas quais os sócios detinham responsabilidade solidária, com seu ápice no século XIII (SILVEIRA, 2015).

No período medieval, surgiram as primeiras corporações, as quais não possuíam fins lucrativos, a exemplo de universidades, igrejas e cidades. As *corporations* da Europa medieval tinham por finalidade fazer com que essas entidades pudessem ter uma vida muito além do que a de seus membros fundadores. A Corporação da Cidade de Londres, que foi fundada no século XII, é considerada a corporação mais antiga do mundo (SILVEIRA, 2015).

Ainda durante o período da baixa Idade Média, também foram criadas, na Europa, as Corporações de Ofício, também chamadas de guildas, as quais se tratavam de associações de profissionais, em sua maioria, artesãos ou comerciantes, monopolizando as atividades comerciais e de produção. Pode-se considerar tais corporações como um embrião dos sindicatos modernos.

No entanto, apesar dos embriões, em séculos anteriores, as sociedades por ações só têm seu surgimento entre os séculos XVI e XVII. Nesse sentido, defende, Silveira que, "para muitos, a primeira *joint-stock corporation*, com todas as características da moderna sociedade por ações foi a Companhia Unida das Índias Orientais Holandesas (*Vereenidge Oost-Indische Compagnie* – VOC), fundada em 1692" (SILVEIRA, 2015, p. 24).

A Companhia Unida das Índias Orientais Holandesas foi criada com o objetivo de maximizar a exploração do comércio de especiarias asiáticas. Até sua criação, esse mercado era explorado por meio de um comércio de empreitadas, no qual um grupo de comerciantes patrocinava a viagem e, ao final, dividia os lucros.

Com o objetivo de monopolizar esse comércio, o governo holandês propôs aos comerciantes a criação de uma entidade empresarial. Nasce, então, a Companhia Unida das Índias Orientais, uma sociedade por ações, conforme Silveira:

> A VOC contava com duas classes de acionistas: os diretores (bewindhebbers) – acionistas vitalícios que administravam a companhia – e os participantes (participanten) – investidores sem direitos políticos que podiam negociar suas ações livremente. O primeiro Estatuto Social se concentrava na relação entre os diretores e o Estado, praticamente sem mencionar os demais acionistas. (SILVEIRA, 2015, p. 24).

Diversos mecanismos atuais de governança já eram utilizados pela Companhia das Índias Orientais, a qual manteve a primazia do comércio com a Ásia, por quase dois séculos, monopolizando o comércio de especiarias orientais, com um ótimo resultado financeiro para os acionistas à época.

Ao tratar das técnicas de governança já utilizadas nessa época, Silveira diz que:

> Em relação ao seu modelo de governança, a administração da VOC cabia a 76 diretores (bewindhebbers) um grupo de acionistas gestores apontados de modo vitalício, pelas seis câmaras de comércio fundadoras da companhia. Eles deveriam deter um número mínimo de ações de forma vitalícia como meio de demonstrar comprometimento com a companhia, bem como jurar publicamente que administrariam a empresa de maneira adequada e honesta, mantendo as contas íntegras. (SILVEIRA, 2015, p. 25).

Ocorre que os demais acionistas (*parcitipanten*) não possuíam direitos políticos dentro da companhia, o que ocasionou descontentamento quanto aos objetivos comerciais propostos pelos diretores. A Companhia Unida das Índias Orientais teve seu ciclo encerrado, em 1799, quando veio a falir. Nesse sentido:

> Entretanto, como acontece com quase todas as companhias, ela teve seu ciclo de vida encerrado ao falir em 1799. Além de sofrer com a competição dos produtos oriundos da América, a companhia também passou por diversos problemas na alta gestão em seus últimos anos de vida, incluindo fraudes. A abreviação "VOC" em holandês significa "pereceu por corrupção" (vergaan op corruptive), sendo a companhia jocosamente lembrada por esse acrônimo ao seu final. (SILVEIRA, 2015, p. 25).

No século XVII, houve um grande crescimento no número de companhias abertas, principalmente, na França e na Inglaterra. No entanto, essas sociedades por ações passaram por fracassos. Inicialmente, duas grandes bolhas inflacionárias ocorridas durante esse século, nesses dois países, ocasionaram uma estagnação nas sociedades por ações por quase um século. Trata-se da bolha da Companhia Mississipi, na França, e da bolha da Companhia dos Mares do Sul, na Inglaterra (SILVEIRA, 2015).

A Companhia Mississipi é considerada o primeiro caso de bolha empresarial ao redor do mundo quando, entre os anos de 1718 e 1720, teve um vultuoso crescimento no valor de suas ações e uma posterior e drástica queda em sequência, ocasionando prejuízos à economia francesa e fazendo com que o governo daquele país proibisse a abertura de novas sociedades por ações por aproximadamente um século.

Já na Inglaterra, a bolha empresarial foi causada pela Companhia dos Mares do Sul, a qual obtinha exclusividade no comércio em áreas de riquezas naturais, havendo também uma supervalorização seguida de uma desenfreada desvalorização nas suas ações. Ao tratar da repercussão dessas bolhas empresariais, Silveira ensina:

> As bolhas ocorridas na França e na Inglaterra no início do século XVIII, em conjunto com os métodos cruéis das companhias das Índias Orientais inglesa e holandesa para com os povos colonizados, levaram a um período de cerca de um século de má reputação das sociedades por ações. O descrédito pode ser constatado em declarações da época, como a do chanceler inglês Edward Thurlow (1731 - 1806) que afirmava que "as companhias não possuem corpos para serem punidos nem almas para serem condenadas, o que as faz agirem da forma que quiserem". (SILVEIRA, 2015, p. 28).

Em virtude das falhas iniciais, o mundo se mostrava cético em relação a um possível sucesso das sociedades por ações, no entanto, no século XIX, houve um renascimento das sociedades por ações. A Revolução Industrial, iniciada no século XVIII, trouxe um ambiente propício ao desenvolvimento dessas companhias.

A companhia aberta, em seu formato atual, surgiu na Inglaterra durante a era vitoriana, e não poderia ser diferente, afinal, a Inglaterra também foi berço da Revolução Industrial. A *Joint Stock Companies Act,* datada de 1844, permitiu, pela primeira vez na história, a constituição de uma companhia por um grupo de pessoas, utilizando-se de um procedimento de incorporação simples, de forma que, em 1856, com a *Limited Liability Act,* foi prevista, uma responsabilidade limitada dos sócios, pelos prejuízos causados pela companhia. Houve, pois, uma facilitação para a criação de companhias com responsabilidade limitada de seus sócios. Foi o nascimento da moderna sociedade por ações (SILVEIRA, 2015).

Essas leis fizeram com que surgissem diversas companhias na Inglaterra, as quais foram se multiplicando no decorrer dos anos. No entanto, tais companhias não se restringiram à Inglaterra, logo se espalharam pelo mundo. A bem da verdade, essas companhias tiveram um maior destaque e crescimento vultuoso nos Estados Unidos da América.

Ao tratar da ascensão das companhias modernas, Silveira defende que:

> Assim como nos países europeus, as sociedades por ações no mercado norte-americano começaram sob o formato de 'companhias certificadas', com direitos a certos monopólios. A mais antiga delas foi a New London Society for Trade Commerce, uma companhia de Conneicticut criada em maio de 1732. Em 1800, já havia 355 sociedades anônimas no país; a maioria no setor de trabnsportes e dois terços localizadas no estado de New England. (SILVEIRA, 2015, p. 30).

O crescimento desse mercado acionário nos Estados Unidos fez com que essas companhias também crescessem em grandes proporções, e, consequentemente, provocou uma concentração de poder e renda. Iniciou-se, então, um período chamado de época dos "barões ladrões" (*robber barons*), que seriam os grandes magnatas detentores de grandes companhias e que mantinham o poder e a concentração de renda por meio da intimidação e exploração de pessoas, além do monopólio sobre diversas atividades comerciais, com destaque para as figuras de John D. Rockfeller (1839 – 1937) e J. P. Morgan (1837 – 1913). No entanto, a pressão popular pelo fim do monopólio e a morte de alguns dos principais magnatas da época, nos Estados Unidos, fizeram com que a administração dessas grandes companhias fosse substituída pela figura do executivo profissional, havendo uma separação cada vez mais nítida entre propriedade das ações e controle da companhia (SILVEIRA, 2015).

Com isso, surge um estudo histórico acerca da pulverização de ações de autoria de Adolf Berle e Gardiner Means em 1932, segundo o qual:

> O proprietário que investe em uma companhia moderna abre mão de sua riqueza em favor daqueles que controlam a companhia, de forma que ele passa a se tornar um mero recipiente da renda periódica oriunda do seu capital... Esses proprietários abriram mão do direito que a companhia deve ser dirigida em seu interesse exclusivo (BERLE; MEANS apud SILVEIRA, 2015, p. 32).

Berle e Means se preocuparam com o poder dos executivos profissionais, frente à pouca ou nenhuma influência dos acionistas. Surge, então, a ideia da necessidade de uma maior transparência e direitos aos acionistas. O trabalho dos referidos autores foi um marco na governança corporativa, na medida em que o governo norte-americano passou a se preocupar com uma maior transparência das companhias, passando um maior número de informações aos acionistas e protegendo-os (SILVEIRA, 2015).

Levando em consideração a pulverização de ações nas grandes empresas, ocorre uma separação entre a propriedade e a administração da empresa, o que gera inúmeros conflitos. Assim, pode-se afirmar que o fundamento teórico da governança corporativa ocorreu com o surgimento da Teoria da Agência, criada em 1976 por Michael Jensen e William Meckling, a partir do artigo intitulado "Teoria da empresa: comportamento gerencial, custos da agência e estrutura de propriedade" (tradução nossa)[9].

Também chamada de Teoria da Representação, parte da ideia de que há a separação de figuras entre os representantes (agentes), que são os responsáveis por tomar as decisões da empresa, e os

---

9 Theory of the firm: Managerial Behavior, Agency Costs and Ownership Structure.

representados, (principais), que são aqueles que transferiram seu poder decisório para terceiros. Ocorre que, nem sempre, o representante agirá de acordo com as vontades do representado, ocasionando o problema de representação.

Há, pois, a necessidade de alinhar os interesses dos representantes com os dos representados, por meio de monitoramentos e incentivos aos representantes. Nesse sentido:

> O ponto central da Teoria da Agência consiste no fato de que o agente é quem controla a companhia, dispondo de informações que o principal (proprietário) não tem, de modo a considerar também que nessas relações as pessoas possuem interesses diversos, acarretando muitas vezes problemas de gestão nos quais os agentes, buscando maximizar seus próprios interesses, podem levar a sociedade à bancarrota. É nesse mister que a governança corporativa ganha relevo, já que se caracteriza como instrumento necessário para superar esses conflitos de agência de modo a criar mecanismos eficientes para alinhar os diferentes interesses de administradores e acionistas, notadamente os minoritários (ANDRADE, 2013, p. 98-99).

A Teoria da Agência, então, tem sido o principal fundamento teórico utilizado para a discussão da governança corporativa.

Nos termos atuais, a governança surgiu como resultado de estudos de resposta aos diversos escândalos e fraudes corporativas, ocorridos no final do século XX e início do século XXI, que geraram prejuízos aos acionistas. Foi somente nas últimas décadas do século XX, que houve um estudo mais dedicado ao tema. Nesse sentido:

> Com isso, teve início na década de 1980, sobretudo nos Estados Unidos, uma série de manifestações por parte dos acionistas de empresas falidas, que passaram a buscar compensação de seus prejuízos junto a diretores, conse-

> lheiros e auditores. Notadamente, os fundos de pensão passaram a exigir maior transparência por parte das empresas em que empregavam seus recursos. Entre eles os fundos de pensão americanos Calpers e Fidelity notabilizaram-se por exercerem pressão, junto à opinião pública, no sentido de impor limites aos abusos dos controladores. (LARRATE, 2013, p. 6).

Essa pressão por parte dos acionistas prejudicados, que não eram controladores, foi essencial para impulsionar a governança corporativa. Seus movimentos tinham por finalidade a busca pela maior participação nos conselhos de administração, monitoramento e intervenção nas empresas. Nesse contexto, surgem os primeiros códigos de boas práticas de governança, buscando a proteção dos acionistas, credores, fornecedores, clientes, empregados e governo (LARRATE, 2013).

3.2 Aspectos conceituais e natureza jurídica da governança corporativa

Percebe-se que, apesar de seus antecedentes históricos, a ideia de governança corporativa como um conjunto de práticas direcionadas à gestão de negócios é recente.

Demb e Neubauer definem governança corporativa como "o processo pelo qual as corporações respondem pelos direitos e desejos dos interessados"[10] (DEMB; NEUBAUER, 1992, p. 187, tradução nossa).

10 . The process by which corporations are made responsive to the rights and wishes stakeholders.

No Brasil, a utilização do termo "governança corporativa" é bastante criticada, pois os autores consideram-no uma adequação da língua inglesa, conforme se posiciona, Wald:

> [...] descabe caracterizar a sociedade anônima como corporação, tratando-se de anglicanismo condenável, não só por respeito à língua nacional como também pela associação de idéias que pode acarretar. Na língua portuguesa, corporação tem sentido de associação profissional, sendo inclusive uma reminiscência medieval... Acresce que os adjetivos corporativo e corporativista tem sentido pejorativo, dando idéia de prevalência de interesses de um grupo ou de uma classe. Ao contrário desta noção, o termo governança das empresas pretende denominar a renovação da entidade, atendendo aos interesses de todos aqueles que a integram ou com ela colaboram. (WALD, 2007, p. 16).

Wald defende que o termo correto deveria ser "governo das empresas", e não governança corporativa. Não se deve falar em corporação, pois essa correspondia a um grupo de profissionais de um determinado ofício, ocasionando a impressão de que a governança é realizada por um grupo de profissionais de uma determinada área, quando, na verdade, a governança é o conjunto de práticas que dão maior segurança ao mercado e proteção ao investidor.

O termo *corporate governance* foi criado na década de 1990, nos Estados Unidos e na Inglaterra, tratando-se do conjunto de regras que tratam do relacionamento entre acionistas, controladores e administradores em uma empresa.

A conceituação de governança corporativa não é das tarefas mais simples, de forma que, neste trabalho, será utilizada aquela que apresenta maior contribuição.

Ao tratar do conceito de governança corporativa, Silveira esclarece:

> Em última instância, a governança corporativa visa criar, nas empresas, um ambiente no qual as pessoas procurem voluntariamente cumprir as regras e tomar decisões no melhor interesse comum de longo prazo da organização. Para os públicos externos, o movimento da governança procura ainda fazer com que as empresas sejam transparentes e sustentáveis em relação a seus resultados financeiros e impactos não financeiros, bem como assegurar a todos os acionistas o exercício pleno de seus direitos. (SILVEIRA, 2015, p. 3).

Embora ligada diretamente às sociedades anônimas, a governança corporativa também deve ser prática dos demais tipos empresariais, em busca de uma otimização de desempenho.

Por sua vez, a Comissão de Valores Mobiliários (CVM) divulga, em sua Cartilha de Recomendações sobre Governança Corporativa, editada em 2002, as práticas de boa governança corporativa, de forma a preparar o desenvolvimento do mercado de capitais no Brasil. Segundo a CVM:

> Governança corporativa é o conjunto de práticas que tem por finalidade otimizar o desempenho de uma companhia ao proteger todas as partes interessadas, tais como investidores, empregados e credores, facilitando o acesso ao capital. A análise das práticas de governança corporativa aplicada ao mercado de capitais envolve, principalmente: transparência, eqüidade de tratamento dos acionistas e prestação de contas (COMISSÃO DE VALORES MOBILIÁRIOS, 2002, p. 2).

Também merece destaque, o conceito formulado pelo Instituto Brasileiro de Governança Corporativa (IBGC):

> Governança corporativa é o sistema pelo qual as empresas e demais organizações são dirigidas, monitoradas e incentivadas, envolvendo os relacionamentos entre sócios, conselho de administração, diretoria, órgãos de fiscalização e controle e demais partes interessadas. As boas práticas de governança corporativa convertem princípios básicos em recomendações objetivas, alinhando interesses com a finalidade de preservar e otimizar o valor econômico de longo prazo da organização, facilitando seu acesso a recursos e contribuindo para a qualidade da gestão da organização, sua longevidade e o bem comum (INSTITUTO BRASILEIRO DE GOVERNANÇA CORPORATIVA, 2009, p, 20).

Como ponto comum entre todos os conceitos, pode-se afirmar que a governança corporativa equivale à forma como as empresas são dirigidas e controladas, consubstanciando-se nas práticas que têm por escopo a otimização dos resultados da empresa.

Quanto à natureza jurídica da governança corporativa, sua origem está relacionada à teoria econômica da empresa. A empresa é um instituto eminentemente jurídico, da qual derivam outros institutos, como a função social da propriedade, a função social da empresa e a responsabilidade social.

A função social da empresa, como debatido anteriormente, corresponde ao cumprimento, por parte da empresa, de suas obrigações legais e contratuais, bem como a doação de práticas de sustentabilidade econômica, social e ambiental. Significa que uma empresa se propõe ao exercício de determinada atividade, de forma lícita e eficaz, gerando empregos e tributos, produzindo riquezas e satisfazendo interesses de seus acionistas e dos demais membros da coletividade.

Ao tratar sobre a natureza jurídica da governança corporativa, Andrade defende:

> Conclui-se, parcialmente, que embora não esteja positivada no nosso ordenamento jurídico, não há como negar a natureza jurídica da governança corporativa; mais ainda, não há como dissocia-la do instituto da função social da propriedade. (ANDRADE, 2013, p. 97).

Dessa forma, as boas práticas de governança corporativa se alocam na função social da empresa, pois têm por finalidade viabilizar sua sustentabilidade econômica. Também não há como dissociar a governança corporativa da responsabilidade social das empresas, de forma que, tanto a governança corporativa, quanto a responsabilidade social aumentam o valor das empresas diante de investidores e do mercado.

3.3 Principais códigos de governança

Com o estudo cada vez mais crescente da governança corporativa no mundo, a partir da década de 1990, surgiram os códigos que tratam de práticas de governança corporativa.

A origem das normas de boas práticas de governança corporativa está fincada em um tripé, o qual é formado pelo Fundo de Investimento LENS, o relatório Cadbury e os princípios da Organização para a Cooperação e Desenvolvimento Econômico (OCDE).

Sobre o modelo de gestão do Fundo de Investimento LENS:

> Este então novo modelo culminou na adoção de alguns princípios, tais como a atuação e monitoramento de acionistas para melhores resultados e a consolidação de valores éticos para sustentar possíveis recuperações; portanto, teria ligação direta com os resultados da empresa e com a realização de investimentos como base da liberdade empresarial.

Inicialmente, o Fundo de Investimento LENS, criado por Robert Monks, em 1992, estabeleceu um novo modelo de gestão em busca da otimização de resultados e um maior valor para as empresas.

Quanto ao relatório Cadbury, seu nome é em homenagem a Adrian Cadbury, que foi o presidente da comissão responsável por elaborá-lo. Uma série de escândalos em companhias britânicas, no final da década de 1980 e início da década de 1990, fizeram com que o governo propusesse uma comissão para investigá-los, no intuito de elaborar soluções para que os investidores pudessem confiar novamente nas companhias.

O relatório Cadbury estabelece que as práticas de governança devem se basear em princípios sólidos, quais sejam: transparência, integridade e prestação de contas. Novidade também no relatório Cadbury foi a previsão do sistema "pratique ou explique", segundo o qual, as companhias poderiam deixar de aplicar as práticas recomendadas de governança. No entanto, para isso, seria necessária, uma decisão fundamentada (SILVEIRA, 2015, p. 37).

No tocante aos princípios de governança corporativa da OCDE, foram estabelecidos no ano de 1999, perfazendo-se nas primeiras diretrizes em escala mundial. Determinam que os sistemas de governança corporativa variam muito, no mundo, não sendo viável, elaborar uma relação rígida de práticas que devam ser observadas em todo o planeta, propondo-se princípios que devam ser considerados por agentes reguladores e agentes de mercado (SILVEIRA, 2015, p. 38).

Os referidos princípios foram revisados em 2004 e passaram por uma nova revisão em 2015, sendo elaborados em conjunto com o G20, grupo formado pelos ministros de finanças e chefes dos bancos centrais dos 19 países mais ricos do mundo e da União Europeia, visando a promover uma maior integridade e confiança nos negócios nesses países. O documento passou a ser chamado de Princípios de Governança Corporativa G20/OCDE.

O preâmbulo dos Princípios de Governança Corporativa G20/ OCDE estabelece que:

> Os Princípios de Governo das Sociedades do G20 e da OCDE auxiliam os decisores políticos a avaliar e a melhorar o enquadramento jurídico, regulamentar e institucional para o governo das sociedades, por forma a apoiar a eficiência económica, o crescimento sustentável e a estabilidade financeira (ORGANIZAÇÃO PARA A COOPERAÇÃO E DESENVOLVIMENTO ECONÔMICO, 2016, p. 3).

Desde sua primeira publicação, em 1999, esses princípios se tornaram referência em todo o mundo, no tocante à governança corporativa nas empresas.

3.4 Governança corporativa no mundo: uma breve análise

Além da evolução histórica da governança corporativa, também é importante, seu estudo comparado no mundo, pois sua utilização se dá de forma diferente, sendo que cada país possui especificidades na maneira como suas empresas são governadas.

Cumpre ressaltar que a governança corporativa, tradicionalmente, é dividida em dois modelos, o modelo anglo-saxônico, que tem inspiração nos Estados Unidos e no Reino Unido, e o modelo nipo-germânico, que predomina no Japão, Alemanha e na maioria dos países europeus.

Ao tratar da distinção entre ambos os modelos, Silva pontua:

> Os modelos de governança variam de país para país, mas, em geral, delimitam-se dois sistemas: o anglo-saxão, que prevalece nos Estados Unidos e no Reino Unido, e o nipo-germânico, o qual predomina no Japão, na Alemanha e

> na maioria dos países da Europa continental. O que diferencia esses dois sistemas são as estruturas de controle e de propriedade, as formas de monitoramento usadas pelos proprietários e suas visões a respeito dos objetivos finais da empresa. (SILVA, 2014, p. 11).

Percebe-se, então, que a principal diferença entre esses dois modelos de governança corporativa é que, no modelo anglo-saxônico, há uma maior preocupação com os valores que serão reservados aos acionistas, ao passo que, no modelo nipo-germânico, há uma preocupação com todos aqueles que possuem interesses nas empresas, além dos acionistas, como os empregados, clientes e comunidade em geral.

No modelo anglo-saxônico, os administradores devem agir em busca dos interesses dos acionistas. Em contrapartida, no modelo nipo-germânico, os administradores devem agir em busca dos interesses mais amplos, daqueles que devem ser contemplados pela ação e pelos resultados oriundos das empresas (SILVA, 2014).

Esses dois modelos também são chamados de *outsider system* e *insider system*, o primeiro se referindo ao modelo anglo-saxônico, e o segundo se referindo ao modelo nipo-germânico. Referida denominação decorre de um relacionamento próximo ou não do acionista com a alta gestão das empresas. Nesses termos:

> Reconhecidas as diferenças, são dois os sistemas de governança principais no mundo, categorizados em função da estrutura acionária da maioria das companhias listadas: (i) o sistema no qual os acionistas não fazem parte da administração (*outsider system)*, caracterizado pela estrutura de propriedades dispersa; e (ii) o sistema no qual alguns grandes acionistas, denominados "acionistas de referência", participam da administração da companhia (*insider system)*. (SILVEIRA, 2015, p. 191).

No *outsider system*, há uma estrutura proprietária dispersa, não existe uma relação próxima entre os acionistas e os administradores. Os acionistas recebem, via de regra, apenas informações e dividendos, não interferindo diretamente na gestão das empresas.

No *insider system*, há uma concentração acionária, constituindo-se um modelo caracterizado pela presença de acionistas ou de seus representantes nos conselhos e cargos executivos.

Nos países que adotam o *outsider system*, a legislação societária, em regra, reconhece a primazia dos acionistas em relação aos demais interessados na companhia. Por outro lado, nos países que adotam o *insider system*, a legislação empresarial, via de regra, preocupa-se com a proteção dos direitos dos acionistas minoritários face aos acionistas majoritários (SILVEIRA, 2015).

No Brasil, percebe-se características de ambos os modelos. Há uma concentração acionária, característica do modelo nipo-germânico, mas também há uma maior preocupação com os interesses dos acionistas, aproximando-se do modelo anglo-saxônico. Segundo Silveira, "o Brasil se encontra, portanto, em uma posição híbrida entre os grandes sistemas de governança pelo mundo" (SILVEIRA, 2015, p. 192).

Tanto o modelo anglo-saxônico, quanto o modelo nipo-germânico apresentam inúmeras vantagens e desvantagens, no entanto, deve-se mencionar que ambos os modelos podem ser eficientes. A seguir, será feita uma breve análise da governança corporativa em alguns países do mundo.

3.4.1 Governança corporativa nos Estados Unidos

Os Estados Unidos possuem a maior economia do mundo, sediando boa parte das principais multinacionais do planeta. Trata-se do mercado financeiro mais líquido e com o maior volume negociado. Em virtude disso, a economia norte-americana é muito estudada, e suas práticas de governança servem de influência para o restante dos países do mundo.

Historicamente, a governança corporativa surgiu no Estados Unidos, na década de 1980, em resposta à pulverização do controle acionário das empresas e aos escândalos que ocasionaram prejuízos aos acionistas por parte dos executivos.

Ao tratar dessa passividade dos acionistas investidores, Silva aponta que:

> Na década de 1980, essa situação começou a mudar com a grande onda de *takeovers* e com o ativismo dos investidores institucionais, em especial dos fundos de pensão, nos casos de expropriação dos acionistas e abuso de poder por parte dos executivos e dos conselheiros. (SILVA, 2014, p. 13).

Nesse período, houve um crescente ativismo dos investidores institucionais, com destaque para os fundos de pensões norte-americanos, contra os abusos praticados pelos executivos e conselheiros das grandes empresas.

Historicamente, pode-se destacar o caso *Texaco/Bass Brothers*, marco temporal para um maior ativismo entre os investidores. Nesses termos:

> O *California Public Employees Retirement System* (Calpers), fundo de pensão dos funcionários públicos da Califórnia e um dos maiores do mundo, foi um dos pioneiros nesse processo. Iniciou-se em 1984, quando os executivos da Texaco rejeitaram uma oferta de compra da empresa com vistas à defesa dos seus empregos, mas gerando prejuízo aos acionistas. (SILVA, 2014, p. 14).

Como resposta a esse prejuízo ocasionado pelos executivos, a *Calpers* passou a fiscalizar cada vez mais aquelas companhias nas quais fazia seus investimentos, exigindo uma maior transparência.

No final de década de 1980, a *Calpers* apresentou ao órgão regulador do mercado de capitais norte-americano, a *Securities and Exchange Commission* (SEC), uma série de recomendações, visando à melhoria das relações das empresas com o mercado, aumentando a transparência, comunicação e fiscalização sobre as mesmas, divulgando também uma lista contendo as empresas que havia deixado de investir (SILVA, 2014).

Os fundos de investimentos norte-americanos passaram, de modo crescente, a exercer uma fiscalização sobre as companhias em que investiam, destacando-se também a criação do *Council of Institutional Investiors* (CII).

Esse Conselho de Investidores Institucionais tinha por objetivo, segundo Silveira, "cuidar dos interesses dos investidores institucionais por meio de diversas iniciativas, entre as quais, atividades de *lobby* para mudança de legislação" (SILVEIRA, 2015, p. 197).

A partir dessa organização dos investidores institucionais, houve, desde a década de 1990, uma série de alterações legislativas que ocasionaram um maior poder aos acionistas.

O início do século XXI, assim como o final do século anterior, também é marcado pelo avanço do movimento da governança corporativa nos Estados Unidos, avanço esse marcado por grandes escândalos empresariais naquele país:

> O movimento de governança corporativa seria novamente impulsionado, a partir de 2001, com uma série de escândalos de fraudes que envolvia a administração executiva de diversas empresas, como Enron, Worldcom, Qwest, e Tyco International. (SILVA, 2014, p. 15).

Em resposta a esses escândalos empresariais, o congresso norte-americano publicou, em 2002, a Lei *Sarbanes-Oxley*, com graves reprimendas àqueles que ocasionassem prejuízos no mercado de ações. Sobre sua criação, Kros e Nadler aduzem que:

> Na sequência da Enron e de outros escândalos contábeis corporativos, o governo federal aprovou esmagadoramente a Lei Sarbanes-Oxley em 30 de julho de 2002. O objetivo da Lei Sarbanes-Oxley, que também é referido como SOX ou Sarbox, é "proteger os investidores melhorando a precisão e a confiabilidade das divulgações corporativas realizadas de acordo com as leis de valores mobiliários e para outros fins.[11] (KROS; NADLER, 2010, p. 63, tradução nossa).

Explicam, os autores, que essa lei tem por objetivo a proteção dos investidores, aumentando a confiabilidade dos investimentos nas companhias. Sua principal preocupação lei era dar ao investidor a segurança necessária no mercado de capitais. A citada lei serve de regulação para as práticas de governança corporativa. Assim:

> O *Sarbanes Oxley Act* foi uma regulação estatal para condutas anteriormente consideradas como melhores práticas de governança corporativa facultativamente adotadas. O diploma legal alçou inúmeras recomendações anteriormente difundidas pelas iniciativas pioneiras de governança à condição de normas prescritivas de comportamentos, cuja violação encontra-se sujeita a sanções estatais. Além disso, a lei criou mecanismos garantidores dos requerimentos mínimos de governança exigidos (BETTARELLO, 2008, p. 57-58).

---

11 In the wake of Enron and other corporate accounting scandals the Federal government overwhelmingly passed the Sarbanes-Oxley Act on July 30, 2002. The purpose of the Sarbanes-Oxley Act, which is also referred to as SOX or Sarbox, is "to protect investors by improving the accuracy and reliability of corporate disclosures made pursuant to the securities laws, and for other purposes.

A Lei *Sarbanes-Oxley* se preocupa, principalmente, com a punição de forma severa daqueles atos eivados de fraude praticados pelos executivos das companhias. Possui amplo alcance, dispondo sobre normas de governança em empresas, bolsas de valores, advogados e empresas de auditoria, a título de exemplo. Andrade esclarece:

> Com essa legislação, ficou consolidada como regra de governança corporativa uma adequada administração da empresa, bem como uma responsável prestação de contas, transparência e publicidade nas informações de interesse da companhia e dos agentes envolvidos e a busca de justiça nas decisões adotadas pela sociedade. (ANDRADE, 2013, p. 96).

A efetividade dessa lei é assegurada, principalmente, pela responsabilização criminal dos altos executivos da empresa, entre os quais, o *Chief Executive Officer* (CEO) – presidente – e o *Chief Financial Officer* (CFO) – diretor financeiro.

Melhorando suas práticas de governança corporativa, algumas empresas norte-americanas já contam, em sua estrutura, com a figura do *Chief Governance Officer* (CGO), o qual tem por objetivo aperfeiçoar as práticas de governança nas companhias, agindo como um elo entre os administradores e os investidores (SILVA, 2014).

3.4.2 Governança corporativa no Reino Unido

O Reino Unido foi o berço da primeira Revolução Industrial, despontando à frente quanto à industrialização quando comparado ao restante do mundo. Por se tratar de um país vanguardista, no processo de industrialização, possui como características uma pequena intervenção estatal e uma acumulação de capital por parte de grupos familiares.

Como consequência dessa industrialização no Reino Unido, percebe-se claramente a presença do modelo anglo-saxônico de governança corporativa, o qual é marcado pelo diluído capital acionário entre pequenos acionistas.

No entanto, embora possua uma industrialização iniciada ainda no século XVIII, a governança corporativa somente ganhou força a partir da década de 1980, e assim como nos Estados Unidos, esse movimento teve início após uma série de escândalos empresariais. Nesse sentido:

> Apesar da industrialização precoce, o movimento de governança corporativa no Reino Unido iniciou-se somente no final da década de 1980. Após alguns escândalos no mundo empresarial, o Banco da Inglaterra criou o Comitê *Cadbury*, liderado por Adrian Cadbury e formado por representantes daquela instituição financeira, da Bolsa de Valores de Londres, do Conselho de Contadores Certificados e do Conselho de Relatórios Financeiros, com o objetivo de analisar as práticas contábeis e de governança corporativa das empresas britânicas. (SILVA, 2014, p. 17-18).

Diferentemente daquilo que ocorre nos Estados Unidos, onde as práticas de governança foram positivadas em leis, como é o caso da Lei *Sarbanes-Oxley*, no Reino Unido, há uma autorregulação, com a criação de códigos de governança. Não há uma normatização das regras de governança.

O primeiro código de governança do Reino Unido também foi o primeiro do mundo: o *Cadbury Report*, criado em 1992, que diz o seguinte acerca da governança corporativa:

> A governança corporativa é o sistema pelo qual as empresas são direcionadas e controladas. Os conselhos de administração são responsáveis pela governança de suas empresas. O papel dos acionistas na governança é nomear

> os diretores e os auditores e se certificar de que existe uma estrutura de governança apropriada. As responsabilidades do conselho incluem a definição dos objetivos estratégicos da empresa, proporcionando a liderança para implementá-los, supervisionando a gestão do negócio e informando aos acionistas sobre sua administração. As ações do conselho estão sujeitas a leis, regulamentos e acionistas em assembléia geral.[12] (THE COMMITTEE ON THE FINANCIAL ASPECTS OF CORPORATE GOVERNANCE AND GEE AND CO. LTD., 1992, p. 14, tradução nossa).

Outros códigos foram criados na década de 1990, com destaque para o Código de Governança Corporativa do Comitê *Hampel*. Ao abordar do tema, pontua, Silva:

> Em 1995, o Comitê *Greenbury* elaborou um conjunto de regras de governança relacionadas à remuneração dos administradores, o que não havia sido elaborado pelo Comitê *Cadbury*. Três anos mais tarde, o Comitê *Hampel* revisou o relatório dos dois comitês anteriores e destacou a importância da governança corporativa para a prosperidade das empresas a longo prazo. Em 1998, o Comitê *Hampel* publicou seu código de governança corporativa e, desde então, a observância de suas normas pelas companhias passou a ser uma das exigências para a listagem na Bolsa de Valores de Londres. (SILVA, 2014, p. 18).

---

12 Corporate governance is the system by which companies are directed and controlled. Boards of directors are responsible for the governance of their companies. The shareholders' role in governance is to appoint the directors and the auditors and to satisfy themselves that na appropriate governance structure is in place. The responsibilities of the board include setting the company's strategic aims, providing the leadership to put them into effect, supervising the management of the business and reporting to shareholders on their stewardship. The board's actions are subject to laws, regulations and the shareholders in general meeting.

Atualmente, destaca-se, o *The UK Governance Code* (Código de Governança do Reino Unido), criado em 2010, que se trata de uma consolidação de todos os códigos anteriores. A sua versão mais recente foi lançada em 2016, sendo dividido em cinco seções: liderança, efetividade, prestação de contas, remuneração e relacionamento com os acionistas.

3.4.3 Governança corporativa na Alemanha

A Alemanha segue o modelo de governança corporativa nipo-germânico. São características das sociedades alemãs, a concentração de propriedade e uma atuação forte dos bancos como acionistas nas companhias. Com isso, a necessidade de balancear os interesses dos acionistas e dos demais interessados na companhia.

Ao tratar dessa necessidade de balancear os interesses dos acionistas e dos demais interessados nas companhias, Silva lembra que:

> A administração da sociedade anônima é realizada por dois órgãos: o conselho de supervisão (*aufsichtsrat)* e o conselho dos gestores (*vorstand)*. O conselho de supervisão, composto de, no mínimo, três membros e com representação de empregados, não tem função executiva, mas é responsável por nomear o conselho de gestores. O CEO da companhia não é o principal tomador de decisões, pois toma decisões com outros conselheiros. (SILVA, 2014, p. 19).

A legislação alemã busca, então, esse equilíbrio entre os acionistas e os demais interessados na companhia, prevendo, por exemplo, o direito dos empregados de elegerem representantes para o conselho de supervisão da companhia.

Sobre o Código de Governança Corporativa Alemão:

> O Código Alemão de Governança Corporativa (o "Código") apresenta regulamentos estatutários essenciais para a gestão e supervisão (governança) das empresas listadas na Alemanha e contém padrões internacionalmente reconhecidos a nível internacional para uma governança boa e responsável. O Código visa tornar o sistema de Governança Corporativa Alemão transparente e compreensível. O objetivo é promover a confiança dos investidores internacionais e nacionais, clientes, funcionários e público em geral na gestão e supervisão das ações da Alemanha.[13] (EUROPEAN CORPORATE GOVERNANCE INSTITUTE, 2017, p. 1, tradução nossa).

Na década de 1990, várias empresas alemãs passaram a adotar práticas da boa governança corporativa. Um marco histórico da governança corporativa naquele país ocorreu em 1997, com a criação do *Neuer Market* (Novo Mercado). Sobre esse momento histórico, Silva aduz:

> Um marco importante no movimento de governança corporativa na Alemanha foi, em 1997, a criação do *Neuer Market* (Novo Mercado), que, inicialmente, tinha o objetivo exclusivo de atrair empresas de setores de rápido crescimento e alta tecnologia, como Internet, telecomunicações, biotecnologia, e, posteriormente, passou a ter a finalidade de listar empresas que se comprometiam com regras fortes em termos de governança corporativa. (SILVA, 2014, p. 19-20).

13 The German Corporate Governance Code (the "Code") presents essential statutory regulations for the management and supervision (governance) of German listed companies and contains internationally and nationally recognized standards for good and responsible governance. The Code aims to make the German Corporate Governance system transparente and understandable. Its purpose is to promote the trust of international and national investors, customers, employees and the general public in the management and supervision of listed German stock corporations.

O Novo Mercado exerce um papel de organização das empresas que executam as regras de boa governança, como a transparência, proteção aos acionistas minoritários e publicação de demonstrativos financeiros.

De todo, percebe-se que o modelo de governança alemão dá ênfase a uma tomada de decisões partilhada entre o CEO e os demais conselheiros, contando ainda com a participação dos empregados no conselho de supervisão.

3.4.4 Governança corporativa no Japão

A governança corporativa no Japão, assim como na Alemanha, busca o equilíbrio dos interesses dos diversos envolvidos com a companhia. Destaca-se a presença dos *keiretsu*, importante ferramenta para o estudo da governança corporativa no país. Silva afirma que:

> A governança corporativa no Japão pode ser retratada pela presença dos *keiretsu*, conglomerados de bancos e empresas entrelaçados em estruturas indiretas de controle e de participações cruzadas. Os bancos domésticos têm significativa participação acionária e exercem papel fundamental no financiamento das operações dos *keiretsu*. (SILVA, 2014, p. 20).

Destaca-se *Mitsubishi*, *Sumitomo* e *Fuyo* entre os principais *keiretsu*. Cada um deles possui uma grande instituição financeira, que atuaa como acionista e fornecedora de crédito para a companhia.

Há um grande poder dessas instituições financeiras, não só no financiamento das companhias, como também no direcionamento estratégico de mercado, em virtude de se tratarem de acionistas (SILVEIRA, 2015).

Duas importantes instituições que tratam da governança corporativa e merecem destaque são a *Japanese Federation of Economic Organizations* e a *CorporateGovernance Forum of Japan*, acerca das quais, Silva pontua:

> Com o objetivo de estimular os mecanismos de governança e adaptá-los aos padrões internacionais, a *Japanese Federation of Economic Organizations* divulgou em 1997, o relatório *Urgent Recommendations Concerning Corporate Governance*, que apresenta recomendações urgentes sobre a implementação de práticas de governança corporativa no Japão.
> Um ano depois, foram publicados os princípios japoneses de governança corporativa (*Corporate governance principles – A japanese view*) pela *CorporateGovernance Forum of Japan*, o qual, om base no Código *Hampel*, apresenta regras sobre o funcionamento do conselho de administração, principalmente a diminuição do número de seus membros. (SILVA, 2014, p. 21).

Os conselhos de administração apresentam, em geral, um grande número de participantes, os conselheiros são eleitos pela assembleia geral e são responsáveis pela administração da empresa.

3.5 Governança corporativa no Brasil: uma breve análise

Como já exposto, o mercado de capitais brasileiro, durante boa parte do século XX, foi pouco explorado, coube ao Estado, impulsionar a atividade econômica no país.

Ocorreu, pois, durante o século XX, a criação de um verdadeiro *establishment* corporativo, formado por empresas estatais, grupos familiares e multinacionais, tendo essas últimas ingressado no mercado brasileiro, principalmente, na segunda metade do século XX (SILVEIRA, 2015).

A expressão "governança corporativa" foi utilizada, pela primeira vez, no cenário brasileiro, já na década de 1990, e o tema somente ganhou notoriedade nos últimos anos do século XX:

> A partir de 1998, o tema ganhou força no país em função de diversos conflitos entre acionistas motivados por operações de fechamentos de capital e de alienação de blocos de controle consideradas prejudiciais pelos sócios minoritários. Deve-se também destacar o surgimento, nesse período, de alguns fundos de investimento em ações com o objetivo de atuar mais ativamente junto às companhias investidas, a fim de auferir ganhos de longo prazo decorrentes de aprimoramentos de governança. Esses fundos, chamados de ativistas, tiveram papel fundamental nos primeiros debates sobre a governança no Brasil, bem como no aprimoramento de práticas adotadas por diversas companhias. (SILVEIRA, 2015, p. 220).

O movimento da governança corporativa no Brasil foi impulsionado principalmente em virtude das privatizações e da abertura do mercado nacional na década de 1990. A título de exemplo, o IBGC surgiu em 1995, com o nome de Instituto Brasileiro de Conselheiros de Administração (IBCA), adotando a atual alcunha somente a partir de 1999.

Em 1999, o IBGC lançou seu primeiro Código das Melhores Práticas de Governança Corporativa, o qual, até o atual momento, sofreu quatro revisões, encontrando-se na quinta edição.

No ano 2000, com a finalidade de privilegiar as empresas que adotam as boas práticas de governança corporativa, a Bolsa de Valores do Estado de São Paulo (Bovespa) criou um segmento especializado para a negociação das ações dessas empresas, no qual são classificadas em três níveis diferentes. De acordo com a doação de regras mais ou menos exigentes de boa governança, as empresas são classificadas em Nível 1, Nível 2 e Novo Mercado (ANDRADE, 2013).

A intenção da Bovespa é dividir as empresas conforme seu comprometimento quanto às regras da boa governança corporativa, de forma que os Níveis 1 e 2 foram criados com o escopo de incentivar e preparar, gradualmente, as empresas para que possam ingressar no Novo Mercado.

O Novo Mercado é um segmento da Bovespa especializado em negociar ações de empresas que adotam, de forma voluntária, as boas práticas de governança corporativa.

Em 2001, foi publicada, a Lei n. 10.303/2001, responsável por reformar a Lei n. 6.404/1976, aumentando a preocupação com os acionistas minoritários e aprimorando o mercado de capitais no Brasil. Ao tratar das alterações propostas pela Lei n. 10.303/2001, Silva aponta:

> Ao contrário da Lei n. 9.457/97, a Lei n. 10.303/2001 oferece mais proteção aos acionistas minoritários. Entre as principais medidas, estão: a mudança da proporção de ações preferenciais de 2/3 para 50% do capital total; a volta do direito de recesso nos casos de cisão da companhia que impliquem mudança do objetivo social; a redução do dividendo obrigatório e, no caso de alienação de controle, a volta da obrigatoriedade do *tag along* para as ações ordinárias, o que lhes garante um preço mínimo de 80% do bloco de controle. (SILVA, 2014, p. 44).

Referida lei, alterando a Lei das Sociedades Anônimas, tenta imprimir uma maior transparência, segurança e credibilidade para que os investidores possam atuar no mercado de capitais no Brasil.

No mesmo contexto, a CVM publicou, em 2002, conforme apontado, uma cartilha com recomendações acerca da boa governança corporativa. A mesma CVM, em 2009, divulgou sua Instrução Normativa n. 480, tratando da transparência das empresas.

Em 2014, entrou em vigor a Lei n. 12.846/2013, conhecida como Lei Anticorrupção, que dispõe sobre a responsabilização administrativa e civil de pessoas jurídicas por atos contra a Administração Pública, além de apresentar o escopo de colaborar para o desenvolvimento de melhores sistemas de *compliance* nas empresas

A Lei n. 12.846/2013, segundo Silveira, "além de endurecer as penalidades das companhias envolvidas em casos de corrupção de agentes públicos, a Lei passou a pressionar as empresas para que desenvolvam seus próprios sistemas de *compliance*" (SILVEIRA, 2015, p. 223).

3.6 Principais normas de governança corporativa

O Brasil não possui uma codificação legal das normas de governança corporativa, apresentando códigos de governança propostos por diversas instituições.

Para o presente trabalho, levar-se-ão, em consideração, as normas e princípios de governança corporativa propostas pelo IBGC, presentes na quinta edição do Código das Melhores Práticas de Governança Corporativa.

Serão estudados os principais aspectos relevantes do código ao presente trabalho.

3.6.1 Propriedade e sócios

Cada sócio é proprietário na medida da sua proporção no capital social da companhia.

Inicialmente, quanto à propriedade e aos sócios, devem-se estudar as regras da assembleia geral, em conformidade com a governança corporativa, que se trata do órgão máximo da sociedade, com competência exclusiva para aumentar ou reduzir o capital social, eleger e destituir qualquer conselheiro de administração ou fiscal, aprovar remuneração dos administradores e conselheiros fiscais, entre outras.

A Lei das Sociedades Anônimas trata das competências da assembleia geral. Nesse sentido:

> A Assembleia de acionistas ou reunião de sócios é a instância máxima das companhias. Tem poder para decidir sobre todos os negócios relativos ao seu objeto, bem como para tomar as resoluções que julgar convenientes para sua proteção. Entre as competências previstas para a assembleia de acionistas nos artigos 121 e 132 da lei das AS, destacam-se: Eleição e destituição dos conselheiros de administração e fiscal (quando instalado). Aprovação da remuneração proposta para administradores. Análise das contas dos administradores e deliberação sobre as demonstrações financeiras do exercício. Deliberação sobre operações de reestruturação societária (como transformação, fusão, incorporação e cisão) e sobre a dissolução e liquidação da sociedade. Deliberação sobre a destinação do lucro do exercício e distribuição dos dividendos. Autorização para a emissão de debêntures. Aprovação de aumento ou redução do capital social. Deliberação sobre a avaliação de bens a serem usados na formação do capital social. Alteração do Estatuto ou contrato social. (SILVEIRA, 2015, p. 146).

Nos termos do Código das Melhores Práticas da Governança Corporativa, a assembleia geral deve ser convocada com uma antecedência mínima de 30 dias. O local, data e horário serão definidos para facilitar a presença de um maior número de sócios. A pauta da assembleia deverá ser disponibilizada já na convocação.

Ao tratar sobre as regras de convocação da assembleia geral, Andrade aduz que:

> Quanto à Assembleia Geral, deverá ter regras definidas e objetivas para a tomada de decisões e regras claras de convocação e deliberação, inclusive quanto ao *quórun*; devem ser sempre regidas pela boa-fé, com abstenção de voto do sócio em caso de conflito de interesse. Nesse ponto em específico o código de boa governança corporativa difere da Lei das Sociedades Anônimas já que, por esta, mais especificamente no artigo 124, § 1°, a convocação da Assembleia Geral far-se-á com antecedência mínima de 15 dias para as companhias de capital aberto em primeira convocação, e 8 dias em segunda convocação, enquanto o Código do IBGC prescreve que a assembleia deverá ser convocada com no mínimo 30 dias 30 dias, e companhias com certificados de depósitos de valores mobiliários no exterior deverão convocar a assembleia com antecedência mínima de 40 dias. (ANDRADE, 2013, p. 115-116).

O Código das Melhores Práticas da Governança Corporativa menciona também que cada ação deve valer um voto, de forma que todos os sócios tenham direito a voto, independentemente da classe de suas ações, de forma que a companhia deva emitir somente ações ordinárias, e aquelas preferenciais que já foram emitidas devem ser transformadas em ordinárias.

Na impossibilidade de transformar as ações preferenciais em ordinárias, Silva defende:

> Caso não seja possível, deve ser concedido direito de voto às ações preferenciais em matérias relevantes, como: cisão, incorporação, transformação, fusão, alienação de ativos relevantes, aprovação de contratos significativos entre companhias do mesmo grupo, aprovação de matérias

> relativas ao programa de remuneração em ações/opções, aprovação de laudo de avaliação de bens que serão incorporados ao capital social, alteração do objeto social, redução do dividendo obrigatório e demais situações de conflito de interesses. (SILVEIRA, 2014, p. 62).

Deve-se, pois, prever, no regulamento interno, a possibilidade de voto das ações preferenciais naquelas matérias mais importantes quando presente o conflito de interesses.

Deve existir a possibilidade de acordos entre sócios, mas esses acordos não devem colocar em risco o interesse da companhia. Não podem vincular ou mesmo restringir o exercício do direito de voto de qualquer membro do conselho de administração, nem tratar de matérias de competência do conselho de administração, da diretoria ou do conselho fiscal, principalmente, no que diz respeito à indicação dos diretores da sociedade.

Na transferência de controle acionário, todos os sócios da companhia devem ser tratados de forma justa e equitativa. As transações que ocasionem a transferência do controle acionário devem ser precedidas de oferta pública de aquisição de ações a todos os acionistas, com o mesmo preço e condições oferecidas.

A arbitragem e a mediação, por se tratarem de formas mais ágeis e eficazes na resolução de conflitos, devem ser utilizadas em controvérsias e divergências entre sócios e administradores e entre os administradores e a empresa, evitando, assim, prejuízos à companhia. Silva, ao tratar da arbitragem para solucionar conflitos nas companhias, diz que "os conflitos entre sócios, e entre eles e a sociedade, devem ser resolvidos, preferencialmente, por meio da arbitragem, sem recorrer ao meio judicial no caso de conflitos societários" (SILVA, 2014, p. 65).

Recomenda-se também a inserção desses mecanismos alternativos de resolução de conflitos no estatuto social.

3.6.2 Conselho de Administração

O Conselho de Administração é o principal órgão de governança corporativa, o qual tem por escopo buscar o melhor interesse da sociedade, recebe os poderes dos sócios e lhes presta contas. De acordo com a definição apresentada pelo IBGC:

> O conselho de administração é o órgão colegiado encarregado do processo de decisão de uma organização em relação ao seu direcionamento estratégico. Ele exerce o papel de guardião dos princípios, valores, objeto social e sistema de governança da organização, sendo seu principal componente. (INSTITUTO BRASILEIRO DE GOVERNANÇA CORPORATIVA, 2015, p. 39).

O Conselho é um colegiado com função deliberativa. O conselheiro atua como guardião da companhia, de forma a buscar seu sucesso a longo prazo. Apesar da Lei das Sociedades Anônimas exigir esse Conselho de Administração como obrigatório somente para as companhias abertas e sociedades de economia mista, é recomendável, como boa prática de governança corporativa, que ele exista em toda e qualquer companhia. Entre as principais competências do Conselho de Administração, destacam-se:

> [...] definir a estratégia, eleger e destituir o *Chief Executive Officer* (CEO); aprovar, por proposta do CEO, a escolha ou a dispensa dos demais executivos; acompanhar a gestão; monitorar os riscos, a indicação e a substituição dos auditores independentes; supervisionar o relacionamento da empresa com os demais *stalkeholders*. (SILVA, 2014, p. 66).

Além dessas atribuições, também merece destaque, o fato de que o Conselho de Administração é responsável por revisar periodicamente as práticas de governança corporativa na empresa.

O art. 142[14] da Lei das Sociedades Anônimas traz, de forma positivada, as competências do Conselho, no entanto, deve-se destacar que sua atuação, em um modelo de boas práticas de governança corporativa, vai muito além do que foi legislado.

As atividades e responsabilidades do Conselho estarão previstas no regimento interno da companhia, que também deverá tratar da composição, funcionamento e administração de conflitos de interesse.

Ser-lhe-á eleito um presidente, o qual é responsável por fomentar um bom desempenho do órgão e de cada um dos seus membros, sendo de sua competência estabelecer os objetivos e programas do Conselho, atribuir responsabilidades e supervisionar as atividades dos conselheiros.

---

14 Art. 142. Compete ao conselho de administração:
I - fixar a orientação geral dos negócios da companhia;
II - eleger e destituir os diretores da companhia e fixar-lhes as atribuições, observado o que a respeito dispuser o estatuto;
III - fiscalizar a gestão dos diretores, examinar, a qualquer tempo, os livros e papéis da companhia, solicitar informações sobre contratos celebrados ou em via de celebração, e quaisquer outros atos;
IV - convocar a assembléia-geral quando julgar conveniente, ou no caso do artigo 132;
V - manifestar-se sobre o relatório da administração e as contas da diretoria;
VI - manifestar-se previamente sobre atos ou contratos, quando o estatuto assim o exigir;
VII - deliberar, quando autorizado pelo estatuto, sobre a emissão de ações ou de bônus de subscrição; (Vide Lei nº 12.838, de 2013)
VIII – autorizar, se o estatuto não dispuser em contrário, a alienação de bens do ativo não circulante, a constituição de ônus reais e a prestação de garantias a obrigações de terceiros; (Redação dada pela Lei nº 11.941, de 2009)
IX - escolher e destituir os auditores independentes, se houver.
§ 1o Serão arquivadas no registro do comércio e publicadas as atas das reuniões do conselho de administração que contiverem deliberação destinada a produzir efeitos perante terceiros. (Redação dada pela Lei nº 10.303, de 2001)
§ 2o A escolha e a destituição do auditor independente ficará sujeita a veto, devidamente fundamentado, dos conselheiros eleitos na forma do art. 141, § 4o, se houver. (Incluído pela Lei nº 10.303, de 2001)

O Código das Melhores Práticas de Governança Corporativa recomenda que o diretor-presidente e o presidente do Conselho de Administração sejam pessoas diferentes:

> Para que não haja concentração de poder e prejuízo ao dever de supervisão do conselho em relação à diretoria, o acúmulo das funções de presidente e diretor-presidente por uma mesma pessoa deve ser evitado. O diretor-presidente não deve ser membro do conselho de administração, mas deve participar das reuniões como convidado. (INSTITUTO BRASILEIRO DE GOVERNANÇA CORPORATIVA, 2015, p. 49).

A Lei das Sociedades Anônimas diz que o Conselho de Administração deverá ser composto por, no mínimo, três conselheiros. Diferente da lei, o Código diz que uma companhia estará de acordo com as normas de boa governança, se o Conselho de Administração for composto por um número de cinco a 11 conselheiros, devendo existir uma diversidade de perfis, possibilitando que a companhia seja beneficiada com uma pluralidade de argumentos e uma maior segurança e qualidade na tomada das decisões.

Quanto ao mandato do conselheiro, o prazo não deverá ser superior a dois anos, sendo permitida, a reeleição como forma de possibilitar um conselho experiente e produtivo. Porém, essa reeleição não deve ser automática. Como forma de evitar a vitaliciedade, o estatuto ou o contrato social da companhia deve fixar um máximo de anos em que se possa exercer a função de conselheiro.

De acordo com o referido Código, podem ser especificados, três tipos de conselheiros:

> Internos: conselheiros que ocupam posição de diretores ou que são empregados da organização;

> externos: conselheiros sem vínculo atual comercial, empregatício ou de direção com a organização, mas que não são independentes, tais como ex-diretores e ex-empregados, advogados e consultores que prestam serviços à empresa, sócios ou empregados do grupo controlador, de controladas ou de companhias do mesmo grupo econômico e seus parentes próximos e gestores de fundos com participação relevante;
> independentes: conselheiros externos que não possuem relações familiares, de negócio, ou de qualquer outro tipo com sócios com participação relevante, grupos controladores, executivos, prestadores de serviços ou entidades sem fins lucrativos que influenciem ou possam influenciar, de forma significativa, seus julgamentos, opiniões, decisões ou comprometer suas ações no melhor interesse da organização. (INSTITUTO BRASILEIRO DE GOVERNANÇA CORPORATIVA, 2015, p. 45).

Como mencionado, os conselheiros internos são os diretores ou mesmo os funcionários da empresa, enquanto os conselheiros externos são aquelas pessoas que não mantêm vínculos com a sociedade, porém, não se classificam como independentes, a exemplo de ex-diretores e ex-empregados. Os conselheiros independentes, por sua vez, são aqueles que não possuem nenhum tipo de vínculo com a sociedade.

É aconselhável, que o Conselho somente deva contar com conselheiros externos e independentes, estes últimos devendo encontrar-se em maioria, evitando a indicação de conselheiros internos, de forma a promover a independência de todos os conselheiros em julgamentos e a integridade da governança.

O presidente do Conselho de Administração deverá propor um calendário anual com as datas para as reuniões ordinárias.

As reuniões extraordinárias, por outro lado, podem ocorrer sempre que necessário.

Por fim, quanto ao Conselho, devem ser criados, para uma boa governança, comitês especializados, objetivando analisar determinadas matérias, como por exemplo, auditoria, remuneração, nomeação e governança corporativa.

3.6.3 Diretoria

A Diretoria é o órgão responsável pela execução daquelas diretrizes fixadas pelo Conselho de Administração da companhia, prestando conta de suas ações e omissões ao próprio Conselho ou a qualquer interessado.

Nos termos do Código das Melhores Práticas de Governança Corporativa, a Diretoria:

> [...] é o órgão responsável pela gestão da organização, cujo principal objetivo é fazer com que a organização cumpra seu objetivo e sua função social. Ela executa a estratégia e as diretrizes gerais aprovadas pelo conselho de administração, administra os ativos da organização e conduz seus negócios. Por meio de processos e políticas formalizadas, a diretoria viabiliza e dissemina os propósitos, princípios e valores da organização. (INSTITUTO BRASILEIRO DE GOVERNANÇA CORPORATIVA, 2015, p. 69).

Cabe à Diretoria, executar as operações da companhia de forma a assegurar o alcance daqueles objetivos estipulados pelo Conselho de Administração.

O diretor-presidente é o responsável por liderar a Diretoria, sendo sua atribuição servir de liame entre os demais diretores e o Conselho de Administração. Sua orientação e fiscalização devem ser feitas pelo Conselho de Administração.

Cabe ao diretor-presidente, encaminhar, ao Conselho de Administração para aprovação, a indicação dos diretores, de forma que sua eleição será feita pelo próprio Conselho de Administração e, somente na falta desse, pelos sócios.

Quanto à política de transparência, o Código das Melhores Práticas de Governança Corporativa prevê que:

> A diretoria deve garantir que sejam prestadas às partes interessadas, além das informações que são obrigatórias por lei ou regulamento, aquelas que interessem a esse público, tanto as financeiras quanto as não financeiras, positivas ou negativas, tão logo estejam disponíveis. Devem ser divulgados todos os dados que possam auxiliar na correta avaliação da organização e influenciar decisões de investimento, inclusive as principais políticas adotadas pela organização. (INSTITUTO BRASILEIRO DE GOVERNANÇA CORPORATIVA, 2015, p. 73).

Essas informações devem ser prestadas com clareza, de forma concisa, em linguagem acessível, com a utilização de sites e outras tecnologias que facilitem sua difusão.

A Diretoria também é responsável por apresentar relatórios anuais, com as informações financeiras da companhia devidamente auditadas.

Consiste em regra da boa governança, no tocante à remuneração dos diretores, que ela sirva como instrumento de motivação dos mesmos, propiciando o alinhamento dos seus interesses com os da companhia.

3.6.4 Órgãos de fiscalização e controle

Entre os órgãos de fiscalização e controle, o referido Código recomenda a existência do Comitê de Auditoria, Conselho Fiscal,

Auditoria Independente e Auditoria Interna. De acordo com a definição que prescreve, o Comitê de Auditoria é:

> Órgão relevante de assessoramento ao conselho de administração, para auxiliá-lo no controle sobre a qualidade de demonstrações financeiras e controles internos, visando a confiabilidade e integridade das informações para proteger a organização e todas as partes interessadas. (INSTITUTO BRASILEIRO DE GOVERNANÇA CORPORATIVA, 2015, p. 79).

Como prática da boa governança, esse Comitê deve ser formado, em sua integralidade ou, ao menos em sua maioria, por conselheiros independentes. Tem por escopo fazer o acompanhamento do processo de elaboração das demonstrações financeiras, supervisionar e coordenar a Auditoria Interna, monitorar as situações envolvendo conflitos de interesses e avaliar, de forma periódica, o sistema de controles internos (SILVEIRA, 2015).

O Conselho Fiscal, segundo Andrade, é:

> [...] órgão de constituição obrigatória e funcionamento facultativo, composto por no mínimo três e no máximo cinco membros, acionistas ou não, mas que, segundo as regras da boa governança corporativa, deverá fiscalizar os atos da administração e seus pareceres, inclusive a divulgação dos votos dos conselheiros fiscais acerca das demonstrações financeiras que serão divulgadas pela companhia. (ANDRADE, 2013, p. 121).

Esse órgão tem previsão legal, de forma que seus membros são eleitos em Assembleia Geral, com atividade fiscalizatória. Sua competência está prevista no art. 163[15] da Lei das Sociedades por Ações.

---

15 Art. 163. Compete ao conselho fiscal:
I - fiscalizar, por qualquer de seus membros, os atos dos administradores e verificar o cumprimento dos seus deveres legais e estatutários; (Redação dada pela Lei nº 10.303, de 2001)
II - opinar sobre o relatório anual da administração, fazendo constar do seu parecer as informações complementares que julgar necessárias ou úteis à deliberação da assembléia-geral;
III - opinar sobre as propostas dos órgãos da administração, a serem submetidas à assembléia-geral, relativas a modificação do capital social, emissão de debêntures ou bônus de subscrição, planos de investimento ou orçamentos de capital, distribuição de dividendos, transformação, incorporação, fusão ou cisão; (Vide Lei nº 12.838, de 2013)
IV - denunciar, por qualquer de seus membros, aos órgãos de administração e, se estes não tomarem as providências necessárias para a proteção dos interesses da companhia, à assembléia-geral, os erros, fraudes ou crimes que descobrirem, e sugerir providências úteis à companhia; (Redação dada pela Lei nº 10.303, de 2001)
V - convocar a assembléia-geral ordinária, se os órgãos da administração retardarem por mais de 1 (um) mês essa convocação, e a extraordinária, sempre que ocorrerem motivos graves ou urgentes, incluindo na agenda das assembléias as matérias que considerarem necessárias;
VI - analisar, ao menos trimestralmente, o balancete e demais demonstrações financeiras elaboradas periodicamente pela companhia;
VII - examinar as demonstrações financeiras do exercício social e sobre elas opinar;
VIII - exercer essas atribuições, durante a liquidação, tendo em vista as disposições especiais que a regulam.
§ 1º Os órgãos de administração são obrigados, através de comunicação por escrito, a colocar à disposição dos membros em exercício do conselho fiscal, dentro de 10 (dez) dias, cópias das atas de suas reuniões e, dentro de 15 (quinze) dias do seu recebimento, cópias dos balancetes e demais demonstrações financeiras elaboradas periodicamente e, quando houver, dos relatórios de execução de orçamentos.
§ 2o O conselho fiscal, a pedido de qualquer dos seus membros, solicitará aos órgãos de administração esclarecimentos ou informações, desde que relativas à sua função fiscalizadora, assim como a elaboração de demonstrações financeiras ou contábeis especiais. (Redação dada pela Lei nº 10.303, de 2001)
§ 3° Os membros do conselho fiscal assistirão às reuniões do conselho de administração, se houver, ou da diretoria, em que se deliberar sobre os assuntos em que devam opinar (ns. II, III e VII).
§ 4º Se a companhia tiver auditores independentes, o conselho fiscal, a pedido de qualquer de seus membros, poderá solicitar-lhes esclarecimentos ou informações, e a apuração de fatos específicos. (Redação dada pela Lei nº 9.457, de 1997)
§ 5º Se a companhia não tiver auditores independentes, o conselho fiscal poderá, para melhor desempenho das suas funções, escolher contador ou firma de auditoria e

Segundo o mencionado Código, o Conselho Fiscal e o Comitê de Auditoria não se excluem. Este é órgão de controle com funções que foram delegadas pelo Conselho de Administração, enquanto aquele é um instrumento de fiscalização eleito por sócios e com amparo legal (INSTITUTO BRASILEIRO DE GOVERNANÇA CORPORATIVA, 2015).

Quanto à Auditoria Independente, para boas práticas de governança corporativa, deve emitir opinião acerca das demonstrações financeiras apresentadas pela Diretoria e pelo Conselho de Administração.

No tocante à Auditoria Interna, tem a responsabilidade de fazer o monitoramento, avaliação e realização das recomendações que visam ao aperfeiçoamento dos controles internos, normas e procedimentos estabelecidos pelos administradores da companhia (INSTITUTO BRASILEIRO DE GOVERNANÇA CORPORATIVA, 2015).

3.6.5 *Conduta e conflitos de interesse*

Há a necessidade de que as companhias possuam seu Código de Conduta, elevando o nível de confiança interno e externo, o qual deve ser fundamentado na responsabilidade, respeito, ética e considerações de ordem social e ambiental.

---

fixar-lhes os honorários, dentro de níveis razoáveis, vigentes na praça e compatíveis com a dimensão econômica da companhia, os quais serão pagos por esta.

§ 6º O conselho fiscal deverá fornecer ao acionista, ou grupo de acionistas que representem, no mínimo 5% (cinco por cento) do capital social, sempre que solicitadas, informações sobre matérias de sua competência.

§ 7º As atribuições e poderes conferidos pela lei ao conselho fiscal não podem ser outorgados a outro órgão da companhia.

§ 8º O conselho fiscal poderá, para apurar fato cujo esclarecimento seja necessário ao desempenho de suas funções, formular, com justificativa, questões a serem respondidas por perito e solicitar à diretoria que indique, para esse fim, no prazo máximo de trinta dias, três peritos, que podem ser pessoas físicas ou jurídicas, de notório conhecimento na área em questão, entre os quais o conselho fiscal escolherá um, cujos honorários serão pagos pela companhia. (Incluído pela Lei nº 9.457, de 1997)

Segundo Silva:

> O código de conduta deve definir responsabilidades sociais e ambientais e também abranger o relacionamento entre conselheiros, sócios, funcionários e demais *stakeholders*. É dever do conselho de administração e da diretoria executiva zelar pela manutenção de todos os princípios do código de conduta. (SILVA, 2014, p. 76).

Esse Código de Conduta deve apresentar instrumentos para denúncias e resolução de problemas de ordem ética. Ocorre, o conflito de interesses, quando não há a independência de alguém no tocante à matéria em discussão, de forma que isso possa influenciar a tomada de decisões com interesses diferentes dos interesses da companhia.

Nesse sentido, são as lições de Silva, segundo o qual, "para não haver conflito de interesses, é necessário que a pessoa seja independente em relação à matéria que está em discussão, para não influenciar ou tomar decisões motivadas por interesses diferentes daquela organização" (SILVA, 2012, p. 99).

A pessoa que não for independente, quanto à matéria em discussão, de acordo com as boas práticas de governança, deve manifestar de forma tempestiva a existência do seu conflito de interesses. Se não o fizer, outra pessoa pode arguir a existência do conflito, caso saiba de sua existência.

Ainda, cabe ao Conselho de Administração fazer o monitoramento e administrar a existência desses conflitos de interesses da Diretoria, conselheiros e sócios (ANDRADE, 2013).

3.7 Aplicação das regras de *compliance*

A palavra *compliance* é de origem inglesa, um substantivo que se derivou da expressão *to comply with*, que significa "agir de acordo com", trata-se de agir de acordo com a lei, norma, regulamento ou política interna.

A ideia da aplicação de um sistema de compliance surgiu nos Estados Unidos da América, com o *Principles of the American Law*, movimento que tinha por escopo que códigos de ética no âmbito empresarial fossem construídos e aplicados (VALENTE, 2015, p. 136).

Um programa de *compliance* existe para que a empresa possa criar mecanismos capazes de coibir a prática de atos ilícitos, como a corrupção e a fraude.

Segundo Silveira, "o *compliance* representa a conformidade da companhia com as normas externas e internas, tais como leis, regulamentações e políticas corporativas" (SILVEIRA, 2015, p. 175). Trata-se de cumprir com as normas que foram definidas pela empresa, como o código de condutas, para todo aquele universo de pessoas que a compõem. Nesse sentido, *compliance*:

> [...] é um conjunto de regras, padrões, procedimentos éticos e legais, que, uma vez definido e implantado, será a linha mestra que orientará o comportamento da instituição no mercado em que atua, bem como a atitude dos seus funcionários. (CANDELORO; RIZZO; PINHO, 2012, p. 30).

Lembrando que, quando se fala em estar em conformidade com as normas, trata-se de estar em conformidade com a legislação, princípios gerais éticos, boa-fé e moralidade.

Ao tratar do conceito de *compliance*, Salles assevera que:

> Pode-se dizer que uma Organização "em Compliance" é aquela que, por cumprir e observar rigorosamente a legislação à qual se submete e aplica princípios éticos nas suas tomadas de decisões, preserva ilesa sua integridade e resiliência, assim como de seus colaboradores e da Alta Administração. (SALLES, 2016, p. 98).

São vários, os objetivos decorrentes da implementação de normas de *compliance* em uma empresa. Destacam-se: cumprimento com a legislação nacional e internacional; regulações do mercado e das normas internas da companhia; prevenção das demandas judiciais; obtenção de transparência na condução dos negócios da companhia; salvaguarda da confidencialidade da informação outorgada à companhia por seus clientes; prevenção do conflito de interesse entre os diversos interessados da companhia; prevenir ganhos pessoais indevidos por meio da criação de condições artificiais de mercado ou da manipulação e uso da informação privilegiada; prevenir o ilícito da lavagem de dinheiro; e disseminar, na cultura organizacional, por meio de treinamento e educação, os valores de *compliance* (CANDELORO; RIZZO, 2012).

O tema ganhou uma maior relevância no mundo, a partir de 2002, com a criação da Lei *Sarbanes-Oxley*, nos Estados Unidos, quando várias multinacionais ao redor do mundo passaram a criar mecanismos para cumprir a legislação. Entretanto, no Brasil, somente com a Lei n. 12.846/2013, o *compliance* ganhou maior importância.

Ao tratar da mencionada lei brasileira, Silveira esclarece:

> A lei determina que as companhias passem a ser responsáveis objetivamente por atividades ilícitas, respondendo legalmente mesmo que a violação tenha ocorrido sem intenção ou conhecimento de sua cúpula administrativa. A lei prevê ainda que a existência de programas internos a fim de assegurar conformidade da companhia às normas seja levada em consideração para fins de redução das penas. (SILVEIRA, 2015, p. 175).

O dispositivo é aplicado aos setores público e privado, com o objetivo de repreender a prática da corrupção envolvendo empresas. Suas principais metas são suprir a lacuna que existe no ordenamento jurídico brasileiro, no tocante à responsabilização de pessoas jurídicas pela prática de atos ilícitos contra a Administração Pública, em especial a corrupção, assim como cumprir com os compromissos internacionais que o Brasil assumiu no tocante ao combate à corrupção (DINIZ; RIBEIRO, 2015).

Sobre a abrangência do *compliance*, Salles afirma:

> O compliance pode ser dividido em dois campos de atuação: um, de ordem subjetiva, que compreende regulamentos internos, como a implementação de boas práticas dentro e fora da empresa e a aplicação de mecanismos em conformidade com a legislação pertinente à sua área de atuação, visando prevenir ou minimizar riscos, práticas ilícitas e a melhoria de seu relacionamento com clientes e fornecedores. O outro campo de atuação é de ordem objetiva, obrigado por lei, como é o caso da Lei de Lavagem de Dinheiro. (SALLES, 2016, p. 100).

Para o presente trabalho, interessa o âmbito subjetivo, no qual existe uma imposição ético-legal, podendo, a empresa optar pela instituição ou não do programa de *compliance*.

Trata-se de grande desafio às empresas, a estruturação de um programa de *compliance*, no entanto, deve-se perceber que, com sua implantação, a empresa tem uma oportunidade para diminuir riscos de problemas quanto à sua reputação e promover os valores institucionais.

Salienta-se que a adoção de programas de *compliance*, além de auxiliar no desenvolvimento da empresa, também influencia os comportamentos sociais. Os comportamentos adotados pelas empresas tendem a ser copiados e estimular outros comportamentos éticos e transparentes na sociedade. Caso as empresas sigam as regras estabelecidas, haverá um desincentivo às práticas ilícitas e, como consequência, uma sociedade mais desenvolvida e fundada na meritocracia.

4 Governança corporativa e *compliance* nas empresas estatais como decorrência dos princìpios da administração pública

A OCDE, entre outros organismos internacionais, divulgam princípios e regras que tratam da governança corporativa. Como abordado, os Princípios de Governança Corporativa, atualizados em 2015, são voltados às empresas privadas. No entanto, a OCDE também trata da aplicação da governança corporativa nas empresas estatais, em suas Diretrizes sobre Governança Corporativa para Empresas de Controle Estatal.

O Brasil, apesar de não ser membro da OCDE, também participou da discussão na elaboração dessas diretrizes, divididas em sete pontos basilares: a) razões que justificam a propriedade estatal; b) papel do Estado como proprietário; c) empresas públicas no mercado; d) tratamento equitativo dos acionistas e outros investidores; e) relação com *stakeholders* e responsabilidade social; f) divulgação da transparência; e g) responsabilidade dos conselhos (ORGANIZAÇÃO PARA A COPERAÇÃO E DESENVOLVIMENTO ECONÔMICO, 2016).

Essas regras e princípios das Diretrizes da OCDE sobre Governança Corporativa para Empresas de Controle Estatal inspiraram as normas de governança corporativa concretizadas na Lei n. 13.303/2016.

O IBGC também tratou da aplicação da governança nas empresas estatais, dando ênfase às sociedades de economia mista quando editou as Boas Práticas de Governança Corporativa para Sociedades de Economia Mista, divididas da seguinte forma: a) Estado controlador; b) Conselho de Administração da sociedade de economia mista; c) Conselho Fiscal; d) tratamento aos acionistas e transações entre as partes relacionadas; d) controles internos e *compliance*; e e) transparência e divulgação de informações (INSTITUTO BRASILEIRO DE GOVERNANÇA CORPORATIVA, 2015).

Apesar da década de 1990 ter marcado a privatização de empresas estatais, estas ainda possuem importante papel no cenário econômico nacional. As estatais brasileiras possuem são relevantes na busca pelo desenvolvimento nacional e, por isso, devem ser incluídas de forma eficiente na proposta de desenvolvimento do país.

No entanto, apesar de décadas de crescimento na participação do PIB, no ano de 2014, segundo dados do Instituto Brasileiro de Geografia e Estatística (IBGE) e do Instituto Brasileiro de Economia (IBRE/FGV), houve uma diminuição do capital fixo das estatais como percentagem do PIB, conforme gráfico a seguir:

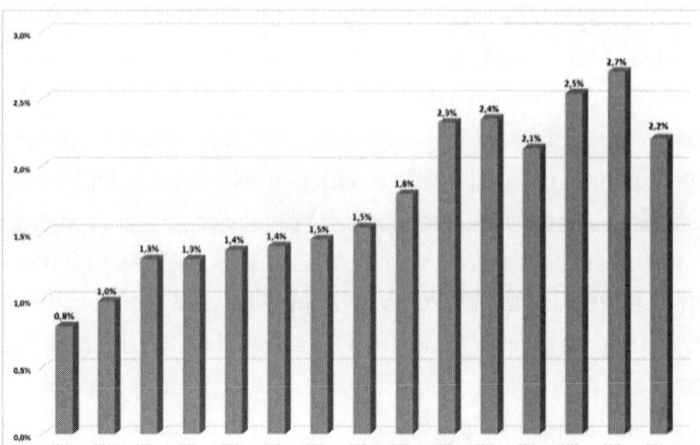

Fontes: IBGE e IBRE/FGV

Isso ocorreu em virtude de uma série de fatores, a exemplo das crises econômicas, porém, a não adoção de boas práticas e governança também ocasionou essa queda. Antes mesmo desse declínio do capital fixo das estatais como percentagem do PIB, já se defendia a aplicação de boas práticas de governança corporativa nas empresas estatais como uma forma de manter essas empresas de forma competitiva no mercado, como ratifica, Andrade:

> Assim, já se teve a oportunidade de observar que a sobrevivência de empresas no mercado, sejam públicas ou privadas, mantendo-se competitivas e rentáveis economicamente, estará condicionada à adequação de suas estruturas administrativas, e, sobretudo, no segmento de boas práticas de governança corporativa. (ANDRADE, 2013, p. 131).

A Lei n. 13.303/2016 e sua regulamentação, por meio do Decreto n. 8.945/2016, foram criadas para servir como instrumento de restauração da credibilidade nas empresas estatais, permitindo, assim, sua retomada do crescimento e desenvolvimento econômico. Além disso, preenche uma lacuna de quase duas décadas, com a regulamentação do art. 173 da CRFB, trazendo maior segurança jurídica.

Referida lei também aproxima as estatais de paradigmas privados de gestão e controle, buscando maior eficiência e resultados mensuráveis. Determina, principalmente, um realinhamento estratégico do Estado como acionista, estabelecendo uma mudança de postura na condução de seus empreendimentos, buscando uma retomada de confiança do mercado.

4.1 Governança corporativa e *compliance* nas estatais, em conformidade com a Lei n. 13.303/2016

A Lei n. 13.303/2016, conforme mencionado acima, dispõe sobre o estatuto jurídico das empresas públicas e sociedades de economia mista da União, Estados, Distrito Federal e Municípios.

Deve-se destacar que as práticas de governança terão uma maior relevância nas sociedades de economia mistas do que nas empresas públicas, nas quais o total do capital social é público. Contudo, mesmo nestas, devem existir práticas de governança corporativa.

O Ministério do Planejamento, Desenvolvimento e Gestão assevera, em relação à sua aplicação:

> A Lei 13.303/16 se aplica a todas as empresas estatais do Brasil, sem nenhuma exceção, seja em nível federal, estadual, distrital ou municipal, independentemente de sua atividade ou natureza. Empresa estatal é qualquer empresa cuja maioria do capital votante (50%+1 ação) pertença direta ou indiretamente a Ente Público. (BRASIL, 2017, p. 4).

Referida lei tem como principais destaques: a) instituição de regras de governança corporativa; b) novo marco regulatório para licitações e contratos no âmbito das estatais; c) práticas de gestão de risco, *compliance* e controle interno; e d) mecanismos de proteção aos acionistas. Foi criada em observância a uma série de boas práticas de governança corporativa, que, há muito, já vinham sendo discutidas por órgãos competentes, como o IBGC e a BM&FBovespa.

No âmbito da União, foi regulamentada pelo Decreto n. 8.945/2016, o qual se aplica a todas as empresas estatais federais, sem exceções. Esse decreto tem por escopo detalhar as estruturas de governança e controle nas empresas estatais.

As principais diretrizes da Lei das Estatais, no tocante à governança corporativa, são: a) dotação das empresas estatais de uma estrutura organizacional que realize a distinção entre governo e administração; b) uniformização da estrutura organizacional das empresas estatais; c) adoção de políticas de transparência ativa; e d) proteção dos acionistas minoritários nas sociedades de economia mista (MIRAGEM, 2017).

O art. 6° da lei expressa a necessidade de que o estatuto jurídico observe normas gerais estabelecidas:

> Art. 6° O estatuto da empresa pública, da sociedade de economia mista e de suas subsidiárias deverá observar regras de governança corporativa, de transparência e de estruturas, práticas de gestão de riscos e de controle interno, composição da administração e, havendo acionistas, mecanismos para sua proteção, todos constantes desta Lei. (BRASIL, 2016).

Foi determinado que cabe ao estatuto observar as regras relativas à governança corporativa, transparência, gestão de riscos, controle interno, composição da administração e proteção de acionistas.

Quanto às regras de regime societário, o art. 7°[16] prevê que a Lei das Sociedades Anônimas e as normas da CVM sobre demonstrações financeiras são aplicadas a todas as empresas públicas e sociedades de economia mista de capital fechado. Em regra, essas normas são aplicadas às empresas de capital aberto, ou seja, àquelas que possuem ações negociadas na bolsa, no entanto, passam a ser aplicadas também às empresas de capital fechado.

O art. 8° prevê vários requisitos de transparência mínimos que devem ser observados pelas empresas estatais. Busca-se alinhar a atividade empresarial ao interesse coletivo ou imperativo de segurança nacional, que justificou a criação da estatal.

Sobre essa política de transparência evidenciada na lei em comento, Miragem defende que, "neste sentido, o art. 8° da Lei define requisitos mínimos de transparência, a serem observados por todas

---

16 Art. 7° Aplicam-se a todas as empresas públicas, as sociedades de economia mista de capital fechado e as suas subsidiárias as disposições da Lei no 6.404, de 15 de dezembro de 1976, e as normas da Comissão de Valores Mobiliários sobre escrituração e elaboração de demonstrações financeiras, inclusive a obrigatoriedade de auditoria independente por auditor registrado nesse órgão.

as empresas públicas e sociedades de economia mista, independentemente do seu porte econômico" (MIRAGEM, 2017, p. 191).

Os incisos do art. 8° trazem como condutas derivadas da transparência:

> Art. 8° [...]
> I - elaboração de carta anual, subscrita pelos membros do Conselho de Administração, com a explicitação dos compromissos de consecução de objetivos de políticas públicas pela empresa pública, pela sociedade de economia mista e por suas subsidiárias, em atendimento ao interesse coletivo ou ao imperativo de segurança nacional que justificou a autorização para suas respectivas criações, com definição clara dos recursos a serem empregados para esse fim, bem como dos impactos econômico-financeiros da consecução desses objetivos, mensuráveis por meio de indicadores objetivos;
> II - adequação de seu estatuto social à autorização legislativa de sua criação;
> III - divulgação tempestiva e atualizada de informações relevantes, em especial as relativas a atividades desenvolvidas, estrutura de controle, fatores de risco, dados econômico-financeiros, comentários dos administradores sobre o desempenho, políticas e práticas de governança corporativa e descrição da composição e da remuneração da administração;
> IV - elaboração e divulgação de política de divulgação de informações, em conformidade com a legislação em vigor e com as melhores práticas;
> V - elaboração de política de distribuição de dividendos, à luz do interesse público que justificou a criação da empresa pública ou da sociedade de economia mista;
> VI - divulgação, em nota explicativa às demonstrações financeiras, dos dados operacionais e financeiros das

> atividades relacionadas à consecução dos fins de interesse coletivo ou de segurança nacional;
> VII - elaboração e divulgação da política de transações com partes relacionadas, em conformidade com os requisitos de competitividade, conformidade, transparência, equidade e comutatividade, que deverá ser revista, no mínimo, anualmente e aprovada pelo Conselho de Administração;
> VIII - ampla divulgação, ao público em geral, de carta anual de governança corporativa, que consolide em um único documento escrito, em linguagem clara e direta, as informações de que trata o inciso III;
> IX - divulgação anual de relatório integrado ou de sustentabilidade. (BRASIL, 2016).

A primeira conduta que deriva do dever de uma atuação transparente é a elaboração de uma carta anual de políticas públicas e governança, subscrita pelos membros do Conselho de Administração.

Há também a necessidade de adequação do estatuto social da empresa estatal à lei que autorizou sua criação, devendo existir uma relação de compatibilidade.

Impõe-se, ainda, a necessidade da divulgação tempestiva de informações relevantes, entre as quais, aquelas relativas à atividade desenvolvida, estrutura de controle, fatores de risco, dados econômico-financeiros, composição e remuneração das práticas de governança corporativa.

Destaca-se, também, a necessidade de elaboração da política de distribuição dos dividendos, nos termos do interesse público que justificou a criação da estatal.

Não menos importante, é a exigência de divulgação ao público, em geral, da carta anual de governança corporativa e de um relatório anual integrado ou de sustentabilidade.

Em convergência com a Lei n. 12.527/2011, conhecida como Lei do Acesso à Informação, o §4° do art. 8° da Lei das Estatais estabelece que os documentos resultantes do cumprimento dos requisitos de transparência estabelecidos nesse art. deverão ser divulgados de forma pública, permanente e cumulativa na internet.

O art. 9° prevê que as estatais devem adotar práticas de gestão de risco e código de conduta, de forma que a área, na estatal, responsável pela gestão de riscos deve ser vinculada ao diretor-presidente e liderada por um diretor estatutário. Esse mesmo art. prevê o estabelecimento de uma unidade de Auditoria Interna vinculada ao Conselho de Administração.

O art. 9° trata de um conteúdo mínimo que deve ser observado no tocante às regras de estruturas e práticas de gestão de riscos e controle interno. Assim preleciona:

> Art. 9o A empresa pública e a sociedade de economia mista adotarão regras de estruturas e práticas de gestão de riscos e controle interno que abranjam:
> I - ação dos administradores e empregados, por meio da implementação cotidiana de práticas de controle interno;
> II - área responsável pela verificação de cumprimento de obrigações e de gestão de riscos;
> III - auditoria interna e Comitê de Auditoria Estatutário.
> [...] (BRASIL, 2016).

Determina-se a obrigatoriedade de estruturação de área específica na empresa para gestão de riscos e controle interno. No parágrafo primeiro, também dispõe que as empresas estatais devem elaborar e divulgar seu Código de Conduta e Integridade.

Esse código deverá tratar dos "princípios, valores e missão da empresa pública e da sociedade de economia mista, bem como orientações sobre a prevenção de conflito de interesses e vedação de atos de corrupção e fraude" (BRASIL, 2016).

Também deve estar previsto no Código de Conduta e Integridade um canal de denúncias relativas ao descumprimento de suas normas e demais normas internas. Sobre as sanções impostas nos casos de violação às suas regras, estabelecidas no próprio código:

> Cabe ao código de conduta e integridade estabelecer as sanções aplicáveis em caso de violação às regras do próprio código. Essas sanções devem ser adequadas à gravidade da violação cometida. Cabe prever também o processo a ser seguido para sua apuração e o órgão ou estrutura da empresa estatal competente para a aplicação da sanção prevista. (CARDOSO, 2016, p. 6).

O parágrafo único do art. 12[17], que trata especificamente da sociedade de economia mista, traz uma importante novidade. Essas empresas poderão solucionar divergências envolvendo acionistas por meio da arbitragem, dispositivo esse que não se aplica às empresas públicas.

O art. 13 trata das diretrizes para a elaboração do estatuto das empresas estatais:

> Art. 13. A lei que autorizar a criação da empresa pública e da sociedade de economia mista deverá dispor sobre as diretrizes e restrições a serem consideradas na elaboração do estatuto da companhia, em especial sobre:

---

17 Art. 12. A empresa pública e a sociedade de economia mista deverão:
I - divulgar toda e qualquer forma de remuneração dos administradores;
II - adequar constantemente suas práticas ao Código de Conduta e Integridade e a outras regras de boa prática de governança corporativa, na forma estabelecida na regulamentação desta Lei.
Parágrafo único. A sociedade de economia mista poderá solucionar, mediante arbitragem, as divergências entre acionistas e a sociedade, ou entre acionistas controladores e acionistas minoritários, nos termos previstos em seu estatuto social.

> I - constituição e funcionamento do Conselho de Administração, observados o número mínimo de 7 (sete) e o número máximo de 11 (onze) membros;
> II - requisitos específicos para o exercício do cargo de diretor, observado o número mínimo de 3 (três) diretores;
> III - avaliação de desempenho, individual e coletiva, de periodicidade anual, dos administradores e dos membros de comitês, observados os seguintes quesitos mínimos:
> a) exposição dos atos de gestão praticados, quanto à licitude e à eficácia da ação administrativa;
> b) contribuição para o resultado do exercício;
> c) consecução dos objetivos estabelecidos no plano de negócios e atendimento à estratégia de longo prazo;
> IV - constituição e funcionamento do Conselho Fiscal, que exercerá suas atribuições de modo permanente;
> V - constituição e funcionamento do Comitê de Auditoria Estatutário;
> VI - prazo de gestão dos membros do Conselho de Administração e dos indicados para o cargo de diretor, que será unificado e não superior a 2 (dois) anos, sendo permitidas, no máximo, 3 (três) reconduções consecutivas;
> VII – (VETADO);
> VIII - prazo de gestão dos membros do Conselho Fiscal não superior a 2 (dois) anos, permitidas 2 (duas) reconduções consecutivas. (BRASIL, 2016).

Depreende-se desse art., acerca da elaboração do estatuto da companhia: a) o Conselho de Administração deverá conter um mínimo de sete e um máximo de onze membros; b) a Diretoria será no número mínimo de três; c) haverá uma avaliação de desempenho anual dos administradores, a qual é individual e coletiva e; d) há um prazo de gestão unificado dos membros do Conselho de Administração e dos Diretores de até dois anos, permitidas no máximo três reconduções consecutivas.

A lei também trata dos requisitos para a escolha dos membros da Diretoria e do Conselho de Administração. Nesse sentido:

> A previsão de requisitos pessoais daqueles que venham a integrar os órgãos de administração é exemplo que evidencia a conformidade a estes princípios constitucionais. Definiu a Lei 13.303/2016 que os membros do Conselho de Administração, assim como os indicados para os cargos de diretor, presidente, diretor-geral e diretor-presidente, serão escolhidos entre cidadãos de reputação ilibada e notório conhecimento, com formação acadêmica compatível, bem como que atendam alternativamente requisitos de experiência profissional de, no mínimo (art. 17): a) 10 anos na área de atuação da empresa estatal para a qual forem indicados; b) 4 anos em cargos de direção em empresas ou na administração direta, ou ainda como docente ou pesquisador na área de atuação da empresa; ou c) 4 anos de experiência como profissional liberal em área afeta à atuação da empresa para a qual for indicado. Estes requisitos, todavia, podem ser dispensados quando se trate de empregado efetivo da ou que já tenha ocupado cargo na gestão superior na própria empresa (art. 17, §5º). (MIRAGEM, 2017, p. 193).

O art. 17 traz como requisitos cumulativos a escolha dos administradores: a) cidadãos de reputação ilibada e notório conhecimento; b) tempo mínimo de experiência profissional; e c) formação acadêmica compatível.

De acordo com a lei, esses requisitos de experiência profissional podem ser dispensados no caso de indicação de empregado que preencha os seguintes requisitos: a) tenha ingressado na empresa pública ou sociedade de economia mista por meio de concurso público; b) tenha mais de dez anos de trabalho efetivo na empresa pública ou sociedade de economia mista; e c) tenha ocupado cargo na gestão superior na empresa pública ou sociedade de economia mista, comprovando sua capacidade para assumir as responsabilidades dos cargos.

Também é importante mencionar as vedações para ocupar os cargos na Administração e Diretoria:

> Quanto ao tempo mínimo de experiência profissional, a lei estabelece como alternativas: a) 10 anos no setor público ou privado, na área de atuação da Empresa Pública ou da Sociedade de Economia Mista ou em área conexa àquela para a qual forem indicados em função de direção superior; b) 4 anos ocupando pelo menos um dos seguintes cargos: I. cargo de direção ou de chefia superior em empresa de porte ou objeto social semelhante ao da Empresa Pública ou Sociedade de Economia Mista, entendendo-se como cargo de chefia superior aquele situado nos 2 níveis hierárquicos não estatutários mais altos da empresa; II. cargo em comissão ou função de confiança equivalente a DAS-4 ou superior, no setor público; III. cargo de docente ou de pesquisador em áreas de atuação da Empresa pública ou Sociedade de Economia Mista; c) 4 anos de experiência como profissional liberal em atividade direta ou indiretamente vinculada à área de atuação da Empresa Pública ou Sociedade de Economia Mista. (MIRAGEM, 2017, p. 193).

Ainda, quanto ao Conselho de Administração, a Lei das Estatais prevê a participação de conselheiros independentes, na quantidade de pelo menos 25% dos membros que o integrem, bem como de representantes dos empregados. Acerca das competências do Conselho de Administração:

> Art. 18. Sem prejuízo das competências previstas no art. 142 da Lei nº 6.404, de 15 de dezembro de 1976, e das

> demais atribuições previstas nesta Lei, compete ao Conselho de Administração:
> I - discutir, aprovar e monitorar decisões envolvendo práticas de governança corporativa, relacionamento com partes interessadas, política de gestão de pessoas e código de conduta dos agentes;
> II - implementar e supervisionar os sistemas de gestão de riscos e de controle interno estabelecidos para a prevenção e mitigação dos principais riscos a que está exposta a empresa pública ou a sociedade de economia mista, inclusive os riscos relacionados à integridade das informações contábeis e financeiras e os relacionados à ocorrência de corrupção e fraude;
> III - estabelecer política de porta-vozes visando a eliminar risco de contradição entre informações de diversas áreas e as dos executivos da empresa pública ou da sociedade de economia mista;
> IV - avaliar os diretores da empresa pública ou da sociedade de economia mista, nos termos do inciso III do art. 13, podendo contar com apoio metodológico e procedimental do comitê estatutário referido no art. 10. (BRASIL, 2013).

Observa-se que há uma ampliação da previsão do art. 142 da Lei das Sociedades Anônimas no tocante às competências do Conselho de Administração. Destaca-se, ainda, enquanto competência prevista no art. 13, III, da Lei das Estatais, a avaliação anual dos membros da Diretoria e dos Comitês, nos termos dos critérios definidos em lei.

Também é prevista a existência de um Comitê de Auditoria estatutário. Miragem esclarece sobre suas funções:

> A importância do comitê de auditoria vem sendo gradualmente reconhecida no direito brasileiro, tornando-se obrigatória por força de norma regulatória em certos setores

> econômicos (e.g. nas grandes instituições financeiras, em acordo com determinações de regulação bancária)19. A função precípua do comitê de auditoria é assessorar o Conselho de Administração, de modo a supervisionar a integridade de controles e procedimentos no âmbito da organização. Nestes termos, a ampliação de competências do Conselho de Administração agrega-se à criação do órgão auxiliar, com as competências fixadas na própria lei. (MIRAGEM, 2017, p. 195).

Suas competências mínimas estão elencadas no art. 24[18] da lei em epígrafe, a qual também disciplina regras de fiscalização pelo Estado e pela sociedade, exigência da CRFB.

18 Art. 24. A empresa pública e a sociedade de economia mista deverão possuir em sua estrutura societária Comitê de Auditoria Estatutário como órgão auxiliar do Conselho de Administração, ao qual se reportará diretamente.
§ 1º Competirá ao Comitê de Auditoria Estatutário, sem prejuízo de outras competências previstas no estatuto da empresa pública ou da sociedade de economia mista:
I - opinar sobre a contratação e destituição de auditor independente;
II - supervisionar as atividades dos auditores independentes, avaliando sua independência, a qualidade dos serviços prestados e a adequação de tais serviços às necessidades da empresa pública ou da sociedade de economia mista;
III - supervisionar as atividades desenvolvidas nas áreas de controle interno, de auditoria interna e de elaboração das demonstrações financeiras da empresa pública ou da sociedade de economia mista;
IV - monitorar a qualidade e a integridade dos mecanismos de controle interno, das demonstrações financeiras e das informações e medições divulgadas pela empresa pública ou pela sociedade de economia mista;
V - avaliar e monitorar exposições de risco da empresa pública ou da sociedade de economia mista, podendo requerer, entre outras, informações detalhadas sobre políticas e procedimentos referentes a:
a) remuneração da administração;
b) utilização de ativos da empresa pública ou da sociedade de economia mista;
c) gastos incorridos em nome da empresa pública ou da sociedade de economia mista;
VI - avaliar e monitorar, em conjunto com a administração e a área de auditoria interna, a adequação das transações com partes relacionadas;
VII - elaborar relatório anual com informações sobre as atividades, os resultados, as conclusões e as recomendações do Comitê de Auditoria Estatutário, registrando, se

O art. 85[19] trata dos órgãos de controle externo e interno, os

---

houver, as divergências significativas entre administração, auditoria independente e Comitê de Auditoria Estatutário em relação às demonstrações financeiras;
VIII - avaliar a razoabilidade dos parâmetros em que se fundamentam os cálculos atuariais, bem como o resultado atuarial dos planos de benefícios mantidos pelo fundo de pensão, quando a empresa pública ou a sociedade de economia mista for patrocinadora de entidade fechada de previdência complementar.
§ 2º O Comitê de Auditoria Estatutário deverá possuir meios para receber denúncias, inclusive sigilosas, internas e externas à empresa pública ou à sociedade de economia mista, em matérias relacionadas ao escopo de suas atividades.
§ 3º O Comitê de Auditoria Estatutário deverá se reunir quando necessário, no mínimo bimestralmente, de modo que as informações contábeis sejam sempre apreciadas antes de sua divulgação.
§ 4º A empresa pública e a sociedade de economia mista deverão divulgar as atas das reuniões do Comitê de Auditoria Estatutário.
§ 5º Caso o Conselho de Administração considere que a divulgação da ata possa pôr em risco interesse legítimo da empresa pública ou da sociedade de economia mista, a empresa pública ou a sociedade de economia mista divulgará apenas o extrato das atas.
§ 6º A restrição prevista no § 5o não será oponível aos órgãos de controle, que terão total e irrestrito acesso ao conteúdo das atas do Comitê de Auditoria Estatutário, observada a transferência de sigilo.
§ 7º O Comitê de Auditoria Estatutário deverá possuir autonomia operacional e dotação orçamentária, anual ou por projeto, dentro de limites aprovados pelo Conselho de Administração, para conduzir ou determinar a realização de consultas, avaliações e investigações dentro do escopo de suas atividades, inclusive com a contratação e utilização de especialistas externos independentes.

19 Art. 85. Os órgãos de controle externo e interno das 3 (três) esferas de governo fiscalizarão as empresas públicas e as sociedades de economia mista a elas relacionadas, inclusive aquelas domiciliadas no exterior, quanto à legitimidade, à economicidade e à eficácia da aplicação de seus recursos, sob o ponto de vista contábil, financeiro, operacional e patrimonial.
§ 1º Para a realização da atividade fiscalizatória de que trata o caput, os órgãos de controle deverão ter acesso irrestrito aos documentos e às informações necessários à realização dos trabalhos, inclusive aqueles classificados como sigilosos pela empresa pública ou pela sociedade de economia mista, nos termos da Lei no 12.527, de 18 de novembro de 2011.
§ 2º O grau de confidencialidade será atribuído pelas empresas públicas e sociedades de economia mista no ato de entrega dos documentos e informações solicitados, tornando-se o órgão de controle com o qual foi compartilhada a informação sigilosa corresponsável pela manutenção do seu sigilo.

quais possuem competência fiscalizatória, inclusive, sobre as estatais domiciliadas no exterior e empresas transnacionais, a qual independe de previsão no acordo constitutivo dessas empresas (BRASIL, 2016). Tratando desse art.:

> Para efeito do controle público da atuação das empresas estatais, o art. 85 da Lei 13.303/2016 estabelece o amplo acesso aos órgãos de fiscalização a todos os documentos e informações necessários a este fim. Refere-se, expressamente, a acesso irrestrito, inclusive, daqueles documentos considerados sigiloso, nos termos da Lei 12.527/2011. O legislador, neste caso, tornou inoponível aos orgãos de controle e fiscalização qualquer espécie de sigilo que impeça acesso a documentos e informações, adotando técnica de extensão do dever de sigilo àqueles com quem a informação venha a ser compartilhada (art. 85, §2º). (MIRAGEM, 2017, p. 197).

Os órgãos de controle terão acesso irrestrito a documentos e informações, inclusive sigilosos, de forma que o órgão de controle será corresponsável por manter o sigilo desses documentos e informações. O servidor do órgão de controle responde administrativa, civil e penalmente pela divulgação indevida de informações revestidas de sigilo.

As ações e deliberações do órgão de controle não podem implicar interferência na gestão das estatais, nem ingerência no exercício de suas competências ou na definição de políticas públicas.

---

§ 3º Os atos de fiscalização e controle dispostos neste Capítulo aplicar-se-ão, também, às empresas públicas e às sociedades de economia mista de caráter e constituição transnacional no que se refere aos atos de gestão e aplicação do capital nacional, independentemente de estarem incluídos ou não em seus respectivos atos e acordos constitutivos.

O art. 89[20] trata da supervisão ministerial, um controle finalístico que a Administração Direta exerce sobre as entidades da Administração Indireta. Essa supervisão ministerial não pode ensejar a redução ou a supressão da autonomia da estatal, nem autoriza a ingerência do supervisor em sua administração e funcionamento, devendo a supervisão ser exercida nos limites da legislação aplicável. O Ministério supervisor não poderá tirar a autonomia da empresa estatal, devendo ser um controle finalístico.

Na esfera federal, a Lei das Estatais foi regulamentada pelo Decreto n. 8.495/2016, o qual, segundo Miragem:

> [...] cria um comitê de elegibilidade para auxiliar os acionistas a indicar os administradores e integrantes dos demais órgãos da empresa estatal (art. 21). Da mesma forma, torna explícito que os requisitos subjetivos para integrar os órgãos de direção da empresa estatal se aplicam a todos, inclusive aos representantes dos empregados, quando houver (art. 28, §6º), reforçando os instrumentos de transparência ativa pelo acréscimo de informações a serem divulgadas publicamente (art. 46). (MIRAGEM, 2017, p. 196).

Além do mais, aludido decreto estabelece que as empresas estatais devam adequar seus respectivos estatutos sociais às práticas estabelecidas nele e na Lei n. 13.303/2016, até a data limite de 30 de junho de 2018.

20 Art. 89. O exercício da supervisão por vinculação da empresa pública ou da sociedade de economia mista, pelo órgão a que se vincula, não pode ensejar a redução ou a supressão da autonomia conferida pela lei específica que autorizou a criação da entidade supervisionada ou da autonomia inerente a sua natureza, nem autoriza a ingerência do supervisor em sua administração e funcionamento, devendo a supervisão ser exercida nos limites da legislação aplicável.

A Lei das Estatais é um verdadeiro estatuto anticorrupção, que buscou rever regras de transparência, *compliance*, governança corporativa, prestação de contas, função e responsabilidade social.

4.2 A Governança corporativa como decorrência dos princípios da Administração Pública

A governança corporativa e o *compliance* nas empresas estatais não devem ser vistos como uma ingerência imprópria do direito privado – sobretudo, do Direito Empresarial –, sobre o direito público, mas a bem da verdade, trata-se de uma concretização dos princípios administrativos.

As normas jurídicas, caracterizadas por estabelecerem o "dever-ser", podem ser classificadas em dois tipos básicos: as regras e os princípios. Há de se salientar a distinção entre ambos:

> Há diversos critérios para se distinguir regras de princípios. Provavelmente aquele que é utilizado com mais freqüência é o da generalidade. Segundo esse critério, princípios são normas com grau de generalidade relativamente alto, enquanto o grau de generalidade das regras é relativamente baixo. Um exemplo de norma de grau de generalidade relativamente alto é a norma que garante a liberdade de crença. De outro lado, uma norma de grau de generalidade relativamente baixo seria a norma que prevê que todo preso tem o direito de converter outros presos à sua crença. Segundo o critério de generalidade, seria possível pensar em classificar a primeira norma como princípio, e a segunda como regra. Outros critérios discutidos são "a determinabilidade dos casos de aplicação", a forma de seu surgimento – por exemplo, por meio da diferenciação entre normas "criadas" e normas "desenvolvidas" -, o caráter explícito de seu conteúdo axiológico, a referência

> à idéia de direito ou a uma lei jurídica suprema e a importância para a ordem jurídica. Princípios e regras são diferenciados também com base no fato de serem razões para regras ou serem eles mesmos regras, ou, ainda, no fato de serem normas de argumentação ou normas de comportamento (ALEXY, 2015, p. 87-89).

Explica, Alexy, que os princípios são comandos de otimização, servindo de pilares que vêm alicerçar a ordem jurídica, dotados de força e eficácia vinculante, caracterizando-se pelo fato de poderem ser cumpridos em diferentes graus. Ao contrário, as regras são comandos definitivos, não permitindo a sua aplicação em diferentes graus, de modo que, ou se aplicam integralmente ou não se aplicam.

Clássica, é a conceituação de princípios de Cretella Júnior: "princípios de uma ciência são proposições básicas, fundamentais, típicas que condicionam todas as estruturações subsequentes. Princípios, nesse sentido, são os alicerces da ciência" (CRETELLA JÚNIOR, 1988, p. 7).

Os princípios constitucionais são aqueles que dão harmonia e estruturam o edifício jurídico (NUNES, 2002). Expressam os valores já consolidados e em processo de consolidação pela sociedade.

No Direito Administrativo, a CRFB de 1988 prevê de forma expressa, no art. 37, *caput*, os seguintes princípios: legalidade, publicidade, impessoalidade, moralidade administrativa e eficiência. Esses princípios orientaram o legislador quando da elaboração dos dispositivos acerca da governança corporativa e do *compliance*, previstos na Lei n. 13.303/2016.

4.2.1 Princípio da legalidade

O princípio da legalidade é indispensável à existência do Estado Democrático de Direito. Deve ser entendido sob dois aspectos, o de direito privado e o de direito público. Nesse sentido, são as lições de Di Pietro: "segundo o princípio da legalidade, a Administração Pública só pode fazer o que a Lei permite. No âmbito das relações entre particulares, o princípio aplicável é o da autonomia da vontade" (DI PIETRO, 2017, p. 96).

Sob o prisma do direito privado, nos termos do princípio da legalidade, o particular pode tudo, salvo aquilo que lhe for vedado por lei. Por outro lado, sob o enfoque do direito público, de acordo com o princípio da legalidade, o administrador somente pode aquilo que é previsto em lei. Segundo Fagundes, "administrar é aplicar a lei de ofício" (FAGUNDES, 1979, p. 4-5).

Antes da edição da Lei n. 13.303/2016, que determina a aplicação de práticas de governança corporativa nas estatais, havia uma grande discussão acerca da aplicação ou não das boas práticas de governança corporativa no seio das empresas estatais, tendo em vista que as regras de governança corporativa não eram oriundas de uma fonte legislativa formal, não estavam previstas em lei.

Nesse sentido, antes da edição da mencionada lei:

> A indagação a ser feita neste passo é se as regras de boa governança corporativa, não sendo oriundas de uma fonte normativa formal, ou seja, não sendo previstas em lei, deveriam ser impostas às empresas públicas, sociedades de economia mista e consórcios públicos. (ANDRADE, 2013, p. 134).

Ocorre que, com a promulgação da Lei n. 13.303/2016, a governança corporativa foi positivada no âmbito das empresas estatais no Brasil, devendo, inclusive, suas normas serem observadas pelo estatuto dessas empresas.

A bem da verdade, o imperativo para utilização das boas práticas de governança corporativa nas empresas estatais brasileiras não tem por gênese a Lei n. 13.303/2016. Entende-se, atualmente, de forma ampla, o princípio da legalidade administrativa, não devendo ser admitida uma concepção tradicional de estrita vinculação à lei, tornando a Administração Pública uma mera executora de comandos legais. Nesse sentido:

> Atualmente, aliás, as fontes de normatividade da Administração Pública, em grande medida, se desprendem da lei para terem lugar mesmo nos princípios que informam e condicionam a ação administrativa, relacionados no art. 37, caput da Constituição. A reserva da lei torna-se, assim, reserva da Constituição, em face da força normativa e eficácia vinculante das normas constitucionais. É daí, por exemplo, que o Supremo Tribunal Federal reconheceu, como decorrência do princípios da moralidade e da impessoalidade, a constitucionalidade de ato administrativo que, na ausência de lei, vedou o nepotismo no Poder Judiciário, assim como, logo adiante, editou súmula vinculante estendendo a vedação do nepotismo a todos os poderes públicos. (MIRAGEM, 2017, p. 204-205).

Com isso, pode-se afirmar, por exemplo, que, quando a governança corporativa prioriza a transparência, dá publicidade aos documentos e resultados da empresa, proíbe a presença de determinadas figuras nos conselhos e comitês, está cumprindo com os demais princípios constitucionais da Administração.

Entende-se, pois, que os demais princípios que serão analisados a seguir, por si só, seriam suficientes para obrigar as empresas públicas e sociedades de economia mista a observarem as boas práticas de governança corporativa.

Ainda, antes mesmo da Lei n. 13.303/2016, existia uma legislação, ainda em vigor, que determina, mesmo que genericamente, a utilização das boas práticas da governança corporativa nas empresas estatais, trata-se da Lei Complementar n. 101/2000, chamada de Lei de Responsabilidade Fiscal. Seu art. 1°, §1°, prescreve:

> §1o A responsabilidade na gestão fiscal pressupõe a ação planejada e transparente, em que se previnem riscos e corrigem desvios capazes de afetar o equilíbrio das contas públicas, mediante o cumprimento de metas de resultados entre receitas e despesas e a obediência a limites e condições no que tange a renúncia de receita, geração de despesas com pessoal, da seguridade social e outras, dívidas consolidada e mobiliária, operações de crédito, inclusive por antecipação de receita, concessão de garantia e inscrição em Restos a Pagar. (BRASIL, 2000).

Percebe-se a similitude do comando legal com o conceito de governança corporativa, havendo a intenção de otimizar o desempenho, proteger as partes interessadas e contribuir para a qualidade na gestão.

Deve-se destacar que o §3° do art. em comento prevê sua aplicação aos entes da Administração Direta e às suas respectivas autarquias, fundações, empresas estatais dependentes.

A aplicação de boas práticas de governança corporativa nas empresas estatais no Brasil são comandos ou objetivos a serem realizados pelo Estado, em decorrência do princípio da legalidade.

4.2.2 Princípio da impessoalidade

Mostrando-se uma inovação da CRFB de 1988, o princípio da impessoalidade determina que o administrador não pode buscar interesses pessoais, devendo agir sempre com ausência de subjetividade. Acerca dessa norma:

> A Administração Pública deve agir de forma "impessoal", sem se deixar levar por quaisquer espécies de subjetivismos, caprichos ou favoritismos de algum gênero. Essa regra visa coibir atos administrativos motivados por antipatias, simpatias, represálias, nepotismos e favorecimentos diversos, muito comuns, por exemplo, em licitações, concursos públicos. Numa ótica democrática, esse princípio, fundado na ideia de justiça e de igualdade, implica "no direito a ser considerado igual", "no direito a ser titular de igual respeito e consideração", no direito a ser tratado igualmente pelos órgãos e entes administrativos. (PESSOA, 2013, p. 27).

Em virtude do caráter público da Administração, esta deve atuar de forma a não privilegiar interesses de particulares ou de terceiros. Referido princípio, em um de seus sentidos, significa que a Administração Pública, como um todo, não pode atuar de modo a prejudicar ou beneficiar pessoas determinadas, tendo em vista que sua atuação deverá ser sempre em busca do interesse coletivo (DI PIETRO, 2017).

Referida norma não é estranha às empresas privadas, de forma que, nestas, o único objetivo de seu cumprimento é o lucro, ao passo que, nas empresas estatais, busca-se também a satisfação do interesse público.

O princípio da impessoalidade guarda relação com diversas normas de boas práticas de governança. Observe-se:

> Neste sentido, afeto aos princípios de governança corporativa, o princípio da impessoalidade guarda relação com o dever da sociedade, ao definir que o Conselho de Administração, a quem competirá eleger e destituir o diretor-presidente e os demais executivos da empresa, o faça pautado sempre na primeira vertente da impessoalidade, ou seja, que as pessoas destinadas a ocupar estes cargos o façam para beneficiar os interesses de todos os integrantes da

> companhia e não os seus próprios, ou de terceiros estranhos à sociedade e em detrimento desta. (ANDRADE, 2013, p. 137).

Sobretudo, esse princípio está ligado à busca do interesse público da coletividade, que deve dar embasamento à gestão da empresa estatal.

A Lei n. 13.303/2016, em consonância com o imperativo do princípio da impessoalidade, municia as estatais de uma estrutura organizacional que faz a distinção entre governo e administração, com a determinação de funções, requisitos e impedimentos para o provimento de cargos na direção.

Historicamente, as estatais foram caracterizadas por uma forte influência de políticos sobre sua administração, de modo que a composição de seus órgãos de administração era realizada sem a observância de critérios técnicos. Até mesmo os empregados de carreira poderiam ser utilizados como instrumentos para a concretização de interesses externos.

Tratando da consecução do princípio da impessoalidade a partir da Lei n. 13.303/2016, observe-se:

> A Lei 13.303/2016, ao definir rígidos requisitos pessoais para que alguém possa ser eleito conselheiro de administração, ou integrar a diretoria das empresas estatais, visa prevenir tais situações, realizando concretamente os princípios da eficiência, da moralidade e da impessoalidade da administração pública. (MIRAGEM, 2017, p. 190).

Nesse ponto, em específico, houve uma redefinição na forma como é realizada a composição do Conselho de Administração e da Diretoria nas empresas estatais, observando-se, com isso, o princípio da impessoalidade.

Assim, a Lei n. 13.303/2016 determinou que deverão ser escolhidos para os cargos do Conselho de Administração e da Direção, cidadãos de reputação ilibada e notório conhecimento, com formação acadêmica compatível ao cargo e com atendimento a requisitos de experiência profissional definidos na lei. Também veda a indicação de determinadas pessoas.

Essa definição de critérios objetivos para a composição de cargos do Conselho de Administração e da Diretoria rompe com a prática tradicional de nomeação por interesse político-partidário.

Ademais, veda-se aos responsáveis pela condução das sociedades empresariais a utilização de mecanismos societários que possam beneficiar ou prejudicar outras pessoas, inclusive, os *stalkeholders*, que não possuem interesses diretos na companhia (ANDRADE, 2013).

O art. 19[21] da Lei das Estatais prevê a garantia da participação no Conselho de Administração de representantes dos empregados e acionistas minoritários. A lei em comento terminou por definir e dar o sentido de que conselheiros eleitos por empregados e acionistas minoritários são seus representantes, agindo em busca dos interesses dessas classes, o que termina por ir de encontro com a Lei n. 6.404/1976, que, em seu art. 154, §1°, estabelece:

> Art. 154. O administrador deve exercer as atribuições que a lei e o estatuto lhe conferem para lograr os fins e no

---

21 Art. 19. É garantida a participação, no Conselho de Administração, de representante dos empregados e dos acionistas minoritários.
§1º As normas previstas na Lei no 12.353, de 28 de dezembro de 2010, aplicam-se à participação de empregados no Conselho de Administração da empresa pública, da sociedade de economia mista e de suas subsidiárias e controladas e das demais empresas em que a União, direta ou indiretamente, detenha a maioria do capital social com direito a voto.
§2º É assegurado aos acionistas minoritários o direito de eleger 1 (um) conselheiro, se maior número não lhes couber pelo processo de voto múltiplo previsto na Lei no 6.404, de 15 de dezembro de 1976.

> interesse da companhia, satisfeitas as exigências do bem público e da função social da empresa.
> § 1º O administrador eleito por grupo ou classe de acionistas tem, para com a companhia, os mesmos deveres que os demais, não podendo, ainda que para defesa do interesse dos que o elegeram, faltar a esses deveres. (BRASIL, 1976).

Nos termos desse art., os administradores devem ter sua atuação pautada no interesse da companhia, independentemente de quem os indicou. Como uma decorrência do princípio da impessoalidade, essa deve ser a interpretação dada ao art. 19 da Lei das Estatais, pois a Administração Pública não deve atuar no sentido de buscar o melhor interesse de determinadas pessoas, mas em busca do interesse coletivo. Esse entendimento é respaldado pelo art. 155[22] da Lei das Sociedades Anônimas, segundo o qual, o administrador tem o dever de lealdade para com a companhia.

---

22 Art. 155. O administrador deve servir com lealdade à companhia e manter reserva sobre os seus negócios, sendo-lhe vedado:
I - usar, em benefício próprio ou de outrem, com ou sem prejuízo para a companhia, as oportunidades comerciais de que tenha conhecimento em razão do exercício de seu cargo;
II - omitir-se no exercício ou proteção de direitos da companhia ou, visando à obtenção de vantagens, para si ou para outrem, deixar de aproveitar oportunidades de negócio de interesse da companhia;
III - adquirir, para revender com lucro, bem ou direito que sabe necessário à companhia, ou que esta tencione adquirir.
§ 1º Cumpre, ademais, ao administrador de companhia aberta, guardar sigilo sobre qualquer informação que ainda não tenha sido divulgada para conhecimento do mercado, obtida em razão do cargo e capaz de influir de modo ponderável na cotação de valores mobiliários, sendo-lhe vedado valer-se da informação para obter, para si ou para outrem, vantagem mediante compra ou venda de valores mobiliários.
§ 2º O administrador deve zelar para que a violação do disposto no § 1º não possa ocorrer através de subordinados ou terceiros de sua confiança.
§ 3º A pessoa prejudicada em compra e venda de valores mobiliários, contratada com infração do disposto nos §§ 1° e 2°, tem direito de haver do infrator indenização por perdas e danos, a menos que ao contratar já conhecesse a informação.

4.2.3 Princípio da moralidade administrativa

A moralidade traduz a ideia de honestidade, boa-fé, lealdade, correção de atitudes, obediência a princípios éticos e probidade. Apesar de reconhecer todos esses elementos, para a doutrina, o conceito de moralidade ainda é bastante vago e indeterminado, vindo normalmente atrelado a outros princípios, como a impessoalidade e eficiência.

Sobre sua importância e finalidade, esclarecedoras, são as lições de Pessoa:

> Esse princípio representa um avanço significativo sobre o plano da mera legalidade formal, vinculando a Administração Pública à moralidade. Do administrador público deve-se exigir, para além do cumprimento de formalidades legais, um comportamento ético e exemplar na condução dos negócios públicos. Com isso, pretendeu-se varrer a imoralidade do âmbito da administração pública, embora muitas vezes se apresente travestida de legalidade formal. (PESSOA, 2013, p. 27).

Sempre que for verificado que a atuação da Administração ou mesmo do particular que se relaciona com a Administração ofender a moral, os bons costumes, os princípios de justiça e equidade e a honestidade, mesmo que de acordo com a lei, haverá ofensa ao princípio da moralidade administrativa.

No tocante à decorrência da aplicação das normas de governança corporativa do princípio da moralidade administrativa, deve-se salientar que, havendo qualquer desvio de finalidade

---

§ 4o É vedada a utilização de informação relevante ainda não divulgada, por qualquer pessoa que a ela tenha tido acesso, com a finalidade de auferir vantagem, para si ou para outrem, no mercado de valores mobiliários. (Incluído pela Lei nº 10.303, de 2001)

ou desrespeito aos direitos dos particulares acionistas em empresas estatais por parte da gestão, estar-se-á afrontando esse princípio. Nesse sentido:

> No mesmo sentido, a adoção de técnica de governança pública, o que no caso das empresas estatais se dá pela aproximação dos institutos de governança corporativa adotados em sociedades anônimas, relaciona-se com o princípio da moralidade, ao compreender sob sua eficácia tanto a prevenção ao desvio de finalidade na gestão empresarial, quanto o respeito aos legítimos interesses dos particulares. (MIRAGEM, 2017, p. 190).

Esse princípio é realizado de forma concreta quando, assim como o princípio da impessoalidade na Administração Pública, por exemplo, a Lei n. 13.303/2016 define requisitos pessoais para que alguém ocupe vaga no Conselho de Administração ou na Diretoria, assim como proíbe que determinadas pessoas ocupem tais cargos, prevenindo uma maior ingerência do governo na administração das empresas estatais.

Da mesma forma, verifica-se que o princípio da moralidade, somando forças com o princípio da impessoalidade da Administração Pública, com a definição de critérios objetivos para a ocupação dos cargos de gestão, de certa forma, rompe com a prática maléfica oriunda da política nacional, com a acomodação de interesses político-partidários nesses cargos.

Apesar da definição de critérios que buscam vedar nomeações com interesses político-partidários, a lei ainda mantém brechas que a possibilitam. Para se ter um exemplo prático, aqueles que foram denunciados na Lava Jato, que pertenciam aos quadros da Petrobras, enquadrar-se-iam perfeitamente nos atuais termos da Lei das Estatais. Nesse ponto, apesar do avanço com a definição de critérios objetivos, trata-se de uma utopia pensar que a lei poderia inibir toda e qualquer intervenção político-partidária.

Tratando dessa indicação político-partidária para tais cargos, Alexandre e De Deus afirmam:

> Infelizmente a regra dessas indicações no Brasil sempre foi o desprezo pela capacidade técnica e o prestígio dos critérios políticos, com as estatais servindo de prêmio para apaniguados políticos, principalmente os detentores de mandato eletivo e os dirigentes sindicais. Assim, se de um lado o preterimento da qualificação técnica prejudicava a eficiência, de outro o rateio das estatais como mecanismo de obtenção de apoio político típico do nosso "presidencialismo de coalizão" acabava por ferir de morte a ética que deveria nortear a Administração Pública. (ALEXANDRE; DE DEUS, 2016, p. 72).

Entende-se, pois, que seria necessário alterar o processo eleitoral, dando uma maior representatividade ao povo, como forma de minimizar essa ingerência político-partidária, que é decorrente do presidencialismo de coalizão nas empresas estatais.

No entanto, deve-se reconhecer os avanços da Lei das Estatais e a aplicação adequada do princípio da moralidade administrativa. Exemplo disso foi a liminar concedida em Ação Civil Pública, promovida pela Associação dos Profissionais dos Correios, que afastou seis vice-presidentes da estatal[23]. Nesse caso, em específico, o Conselho, mesmo após a entrada em vigor da Lei n. 13.303/2016, aprovou a indicação de seis vice-presidentes sem a verificação dos requisitos legais estabelecidos em lei.

A Lei das Estatais não deixou claro quem será responsável por fiscalizar as nomeações para o Conselho de Administração e a

23 Processo n. 52685-42.2016.4.01.3400.

Diretoria. Entende-se que essa fiscalização na esfera administrativa deve ser feita pelo Tribunal de Contas da União.

4.2.4 Princípio da eficiência

O princípio da eficiência foi inserido no art. 37, *caput*, da CRFB de 1988, pela Emenda Constitucional n. 19/1998. Eficiência significa agilidade, presteza, produtividade e ausência de desperdícios. Nesses termos, seu conceito:

> O princípio da eficiência apresenta, na realidade, dois aspectos: pode ser considerado em relação ao modo de atuação do agente público, do qual se espera o melhor desempenho possível de suas atribuições, para lograr os melhores resultados; e em relação ao modo de organizar, estruturar, disciplinar a Administração Pública, também com o mesmo objetivo de alcançar os melhores resultados na prestação do serviço público (DI PIETRO, 2017, p. 14).

Percebe-se, pois, dois sentidos que lhe são dados. Em um primeiro sentido, esse princípio está ligado ao modo de atuação do agente público, o qual deve agir em busca de melhores resultados. Em um segundo sentido, significa a própria organização, estruturação e disciplina da Administração Pública, de forma a também buscar melhores resultados. Esse princípio também orienta a aplicação da governança corporativa nas empresas estatais:

> A exigência de eficiência administrativa revela-se, dentre os vários sentidos que encerra o princípio, a ideia de otimização de recursos públicos, e sua aplicação segundo as melhores técnicas de gestão para atingimento das finalidades pública a que se vinculam. (MIRAGEM, 2017, p. 190).

Assim, tanto quanto ao modo de atuação do agente público, o qual deve buscar os melhores resultados ao interesse público, quanto à organização da Administração Pública, percebe-se a influência do princípio da eficiência na governança corporativa nas empresas estatais.

Nesse sentido, a Lei n. 13.303/2016 vem realizar o mandamento constitucional da eficiência, conforme as lições de Miragem:

> Trata-se de mudança paradigmática na gestão de empresas estatais e nas práticas da administração pública brasileira em geral. Aponta para o rompimento de prática sedimentada, que desconsiderava qualquer controle de mérito da eficácia da gestão para a consecução do interesse público e as finalidades para as quais se destina a administração. Neste particular, a definição da avaliação de desempenho da diretoria e dos comitês, baseando-se em critérios legais mínimos, associado à atuação de um comitê específico, com a divulgação de sua atuação (art. 10), é mais uma aspecto a conformar-se com o princípio constitucional da eficiência (art. 37, caput, CF/88). (MIRAGEM, 2017, p. 194).

Essa avaliação é exatamente uma forma de averiguar a eficiência daqueles que fazem parte dos comitês e da Diretoria, no desempenho das atribuições exigidas pelo cargo. Ademais, a Diretoria das empresas estatais deverá prestar um compromisso com metas e resultados definidos pelo Conselho de Administração. Observe-se:

> O compromisso com resultados por parte da diretoria das empresas estatais, igualmente, resulta da definição, pela lei, de um processo complexo de investidura nos cargos de diretoria, pelo qual se passa a exigir, como condição para assunção dos eleitos, o compromisso com metas e resultados específicos, aprovados pelo Conselho de Ad-

> ministração a quem incumbirá fiscalizar seu cumprimento (art. 23 da Lei 13.303/2016). Este compromisso assumido inicialmente, então, renova-se anualmente, competindo à diretoria apresentar, até a última reunião ordinária do Conselho de Administração em cada ano, plano de negócios para o exercício seguinte, assim como estratégia de longo prazo, atualizada com análise de riscos e oportunidades para, no mínimo, os próximos 5 (cinco) anos (art. 23, § 1º, II). Tanto o plano de negócios anual, quanto a estratégia de longo prazo, serão objeto de deliberação do Conselho de Administração e, por isso, passam a integrar os critérios de avaliação da diretoria a ser realizada. (MIRAGEM, 2017, p. 194-195).

Cabe ao próprio Conselho de Administração, a fiscalização do cumprimento dessas metas e resultados assumidos pela diretoria, em consonância com o princípio da eficiência.

Também, como decorrência do princípio da eficiência, no tocante à governança corporativa nas empresas estatais, a Lei n. 13.303/2016 traz como inovação a obrigatoriedade de estruturação de uma área específica nas empresas estatais para a gestão de risco e controle interno, em seu art. 9°. A gestão de riscos tem por finalidade servir para a avaliação no processo e tomada de decisão pelos administradores (MIRAGEM, 2017).

Ainda, em decorrência desse princípio da eficiência administrativa, deve-se destacar a obrigatoriedade, conforme a Lei n. 13.303/2016, na estrutura de governança corporativa das empresas estatais de um Comitê de Auditoria. Acerca deste, precisas, são as lições de Miragem: "outra inovação expressiva da Lei 13.303/2016 diz respeito, igualmente, à obrigatoriedade de que integre a estrutura de governança das empresas estatais um comitê de auditoria estatutário" (MIRAGEM, 2017, p. 195).

O art. 24 da Lei n. 13.303/2016 define as competências mínimas do aludido comitê, quais sejam:

> Art. 24. A empresa pública e a sociedade de economia mista deverão possuir em sua estrutura societária Comitê de Auditoria Estatutário como órgão auxiliar do Conselho de Administração, ao qual se reportará diretamente.
> [...]
> I - opinar sobre a contratação e destituição de auditor independente;
> II - supervisionar as atividades dos auditores independentes, avaliando sua independência, a qualidade dos serviços prestados e a adequação de tais serviços às necessidades da empresa pública ou da sociedade de economia mista;
> III - supervisionar as atividades desenvolvidas nas áreas de controle interno, de auditoria interna e de elaboração das demonstrações financeiras da empresa pública ou da sociedade de economia mista;
> IV - monitorar a qualidade e a integridade dos mecanismos de controle interno, das demonstrações financeiras e das informações e medições divulgadas pela empresa pública ou pela sociedade de economia mista;
> V - avaliar e monitorar exposições de risco da empresa pública ou da sociedade de economia mista, podendo requerer, entre outras, informações detalhadas sobre políticas e procedimentos referentes a:
> a) remuneração da administração;
> b) utilização de ativos da empresa pública ou da sociedade de economia mista;
> c) gastos incorridos em nome da empresa pública ou da sociedade de economia mista;
> VI - avaliar e monitorar, em conjunto com a administração e a área de auditoria interna, a adequação das transações com partes relacionadas;
> VII - elaborar relatório anual com informações sobre as atividades, os resultados, as conclusões e as recomen-

> dações do Comitê de Auditoria Estatutário, registrando, se houver, as divergências significativas entre administração, auditoria independente e Comitê de Auditoria Estatutário em relação às demonstrações financeiras;
> VIII - avaliar a razoabilidade dos parâmetros em que se fundamentam os cálculos atuariais, bem como o resultado atuarial dos planos de benefícios mantidos pelo fundo de pensão, quando a empresa pública ou a sociedade de economia mista for patrocinadora de entidade fechada de previdência complementar. (BRASIL, 2016).

Compete a esse Comitê de Auditoria, o monitoramento do funcionamento do controle interno, além de averiguar a eficiência na direção da companhia. Percebe-se, então, que o princípio da eficiência orienta a aplicação da governança corporativa nas empresas estatais, trazendo técnicas de gestão já consagradas na iniciativa privada para o âmbito estatal na realização do interesse público.

O art. 17 da Lei das Estatais se utiliza de critérios para a indicação aos cargos do Conselho de Administração e Direção, exigindo a experiência mínima de dez anos, no setor de atuação da estatal, com a exceção daqueles que ocupam cargos de confiança no setor público.

Desse modo, defende-se, em decorrência do princípio da eficiência, a não existência dessa exigência de experiência profissional na área de atuação da empresa, devido à necessidade de diversidade na composição do Conselho de Administração e, sobretudo, na seleção de profissionais oriundos do setor privado que poderiam contribuir em muito com a empresa estatal.

4.2.5 Princípio da publicidade

Completando aqueles princípios da Administração, previstos no *caput* do art. 37 da CRFB de 1988, analisar-se-á do princípio da publicidade e sua contribuição para a realização da governança corporativa nas empresas estatais.

Publicidade significa divulgação, conhecimento. Trata-se de dar conhecimento ao titular do direito ou interesse, o povo. Acerca desse princípio, Bandeira de Mello aduz:

> Consagra-se nisto o dever administrativo de manter plena transparência em seis comportamentos. Não pode haver em um Estado Democrático de Direito, no qual o poder reside no povo (art. 1°, parágrafo único, da Constituição), ocultamento aos administrados dos assuntos que a todos interessam, e muito menos em relação aos sujeitos individualmente afetados por alguma medida. (BANDEIRA DE MELLO, 2009, p. 114).

Dessa forma, referido princípio trata da necessidade de transparência na Administração Pública, não havendo espaço para a ocultação de negócios públicos. Em virtude disso, fala-se que os atos da Administração devem ter a mais ampla divulgação, em especial aos interessados, ressalvadas aquelas situações de sigilo previstas na lei.

Quanto à sua aplicação:

> Seu espectro abarca toda ação estatal, como na publicação de leis, atos, decreto, portarias e contratos, dentre outros, seja da Administração direta ou indireta, incluídas as autarquias, fundações, sociedades de economia mista e empresas públicas. (ANDRADE, 2013, p. 140).

Logo, referida norma é aplicável aos atos praticados tanto pela Administração Direta, quanto pela Administração Indireta, incluídas, nesta, as empresas estatais.

Sobre sua aplicação nas estatais, como instrumento da governança corporativa, Andrade defende:

> Vê-se, portanto, que o princípio da publicidade se coaduna perfeitamente com o mandamento da boa governança da transparência, em que se exige do diretor-presidente e dos demais diretores a ampla divulgação dos atos praticados na administração da sociedade frente aos acionistas, bem como no relacionamento com os *stakeholders*. (ANDRADE, 2013, p. 141).

A partir de uma análise dos princípios da governança corporativa e daqueles princípios da Administração Pública, previstos no *caput* do art. 37 da CRFB, pode-se inferir que a publicidade é aquele que mais demonstra a interligação entre a governança corporativa e os princípios da Administração Pública nas empresas estatais.

A Lei n. 13.303/2016 concretizou-o em diversos de seus arts., levantando a necessidade de adoção de políticas de transparência ativa por parte das empresas estatais. O art. 8°[24], acima citado, em consonância com a publicidade, define quais são os requisitos mí-

---

24 Art. 8° As empresas públicas e as sociedades de economia mista deverão observar, no mínimo, os seguintes requisitos de transparência:

I - elaboração de carta anual, subscrita pelos membros do Conselho de Administração, com a explicitação dos compromissos de consecução de objetivos de políticas públicas pela empresa pública, pela sociedade de economia mista e por suas subsidiárias, em atendimento ao interesse coletivo ou ao imperativo de segurança nacional que justificou a autorização para suas respectivas criações, com definição clara dos recursos a serem empregados para esse fim, bem como dos impactos econômico-financeiros da consecução desses objetivos, mensuráveis por meio de indicadores objetivos;

II - adequação de seu estatuto social à autorização legislativa de sua criação;

III - divulgação tempestiva e atualizada de informações relevantes, em especial as relativas a atividades desenvolvidas, estrutura de controle, fatores de risco, dados econômico-financeiros, comentários dos administradores sobre o desempenho, políticas e práticas de governança corporativa e descrição da composição e da remuneração da administração;

IV - elaboração e divulgação de política de divulgação de informações, em conformidade com a legislação em vigor e com as melhores práticas;

V - elaboração de política de distribuição de dividendos, à luz do interesse público que justificou a criação da empresa pública ou da sociedade de economia mista;

nimos de transparência que devem ser observados pelas empresas estatais, independentemente de seu porte econômico.

Também, o art. 12[25] da mesma lei, em consonância com o princípio da publicidade, prevê que as empresas estatais deverão divulgar toda e qualquer forma de remuneração dos administradores,

---

VI - divulgação, em nota explicativa às demonstrações financeiras, dos dados operacionais e financeiros das atividades relacionadas à consecução dos fins de interesse coletivo ou de segurança nacional;
VII - elaboração e divulgação da política de transações com partes relacionadas, em conformidade com os requisitos de competitividade, conformidade, transparência, equidade e comutatividade, que deverá ser revista, no mínimo, anualmente e aprovada pelo Conselho de Administração;
VIII - ampla divulgação, ao público em geral, de carta anual de governança corporativa, que consolide em um único documento escrito, em linguagem clara e direta, as informações de que trata o inciso III;
IX - divulgação anual de relatório integrado ou de sustentabilidade.
§ 1º O interesse público da empresa pública e da sociedade de economia mista, respeitadas as razões que motivaram a autorização legislativa, manifesta-se por meio do alinhamento entre seus objetivos e aqueles de políticas públicas, na forma explicitada na carta anual a que se refere o inciso I do caput.
§ 2º Quaisquer obrigações e responsabilidades que a empresa pública e a sociedade de economia mista que explorem atividade econômica assumam em condições distintas às de qualquer outra empresa do setor privado em que atuam deverão:
I - estar claramente definidas em lei ou regulamento, bem como previstas em contrato, convênio ou ajuste celebrado com o ente público competente para estabelecê-las, observada a ampla publicidade desses instrumentos;
II - ter seu custo e suas receitas discriminados e divulgados de forma transparente, inclusive no plano contábil.
§ 3º Além das obrigações contidas neste artigo, as sociedades de economia mista com registro na Comissão de Valores Mobiliários sujeitam-se ao regime informacional estabelecido por essa autarquia e devem divulgar as informações previstas neste artigo na forma fixada em suas normas.
§ 4º Os documentos resultantes do cumprimento dos requisitos de transparência constantes dos incisos I a IX do caput deverão ser publicamente divulgados na internet de forma permanente e cumulativa.

25 Art. 12. A empresa pública e a sociedade de economia mista deverão:
I - divulgar toda e qualquer forma de remuneração dos administradores;
II - adequar constantemente suas práticas ao Código de Conduta e Integridade e a outras regras de boa prática de governança corporativa, na forma estabelecida na regulamentação desta Lei.

assim como adequar, de forma constante, suas práticas ao Código de Conduta e Integridade e a outras regras de boa prática de governança corporativa.

Ainda, quanto ao controle público, conforme mencionado acima, o art. 85 da mesma lei prevê que os órgãos de fiscalização terão acesso amplo e irrestrito a todos os documentos e informações destinadas à fiscalização, inclusive, no tocante aos documentos sigilosos.

Reitere-se a concretização do princípio da publicidade por meio da Lei n. 13.303/2016, que impõe diversos deveres quanto à publicidade e transparência nas empresas estatais. Em atenção ao mesmo, o art. 4°, §2º, prevê:

> Art. 4° Sociedade de economia mista é a entidade dotada de personalidade jurídica de direito privado, com criação autorizada por lei, sob a forma de sociedade anônima, cujas ações com direito a voto pertençam em sua maioria à União, aos Estados, ao Distrito Federal, aos Municípios ou a entidade da administração indireta.
> [...]
> §2° Além das normas previstas nesta Lei, a sociedade de economia mista com registro na Comissão de Valores Mobiliários sujeita-se às disposições da Lei no 6.385, de 7 de dezembro de 1976. (BRASIL, 2016).

Em decorrência do princípio em comento, deve-se entender também que as empresas públicas sejam registradas como companhias abertas, ou seja, tenham registro na CVM, pois esse registro traz um maior nível de transparência e monitoramento das atividades da empresa.

Parágrafo único. A sociedade de economia mista poderá solucionar, mediante arbitragem, as divergências entre acionistas e a sociedade, ou entre acionistas controladores e acionistas minoritários, nos termos previstos em seu estatuto social.

4.3 *Compliance* nas empresas estatais como decorrência dos princípios da Administração Pública

Os princípios da Administração Pública, previstos no *caput* do art. 37 da CRFB, também foram concretizados pela Lei n. 13.303/2016, ao tratar de *compliance*.

Ao se falar em *compliance* nas empresas estatais, inicialmente, é inegável uma vinculação ao princípio da moralidade, no entanto, esse não é o único princípio sobre o qual se pode justificar a utilização de *compliance* nas empresas estatais. A mesma lei, concretizando o princípio da legalidade administrativa, definiu, em termos legais, o *compliance* nas empresas estatais, o que fica evidente no art. 9°, §1°:

> Art. 9° A empresa pública e a sociedade de economia mista adotarão regras de estruturas e práticas de gestão de riscos e controle interno que abranjam:
> [...]
> § 1º Deverá ser elaborado e divulgado Código de Conduta e Integridade, que disponha sobre:
> I - princípios, valores e missão da empresa pública e da sociedade de economia mista, bem como orientações sobre a prevenção de conflito de interesses e vedação de atos de corrupção e fraude;
> II - instâncias internas responsáveis pela atualização e aplicação do Código de Conduta e Integridade;
> III - canal de denúncias que possibilite o recebimento de denúncias internas e externas relativas ao descumprimento do Código de Conduta e Integridade e das demais normas internas de ética e obrigacionais;
> IV - mecanismos de proteção que impeçam qualquer espécie de retaliação a pessoa que utilize o canal de denúncias;

> V - sanções aplicáveis em caso de violação às regras do Código de Conduta e Integridade;
> VI - previsão de treinamento periódico, no mínimo anual, sobre Código de Conduta e Integridade, a empregados e administradores, e sobre a política de gestão de riscos, a administradores. (BRASIL, 2016).

Esse art. termina por concretizar os demais princípios da Administração Pública, prescrevendo a elaboração e divulgação de um Código de Conduta e Integridade. Ao determinar que este disponha sobre princípios, valores e missão da empresa estatal, estar-se-á concretizando o princípio da publicidade administrativa.

Ao tratar de orientações a respeito de prevenção de conflito de interesses e vedação de atos de corrupção e fraude, percebe-se a influência do princípios da moralidade, impessoalidade e eficiência da Administração Pública. Quando se determina a existência de instâncias internas responsáveis pela utilização e aplicação do referido código, há uma concretização da eficiência administrativa.

A existência de um canal para o recebimento de denúncias pelo não cumprimento do Código de Conduta e Integridade e demais normas internas de ética tem por finalidade concretizar os princípios da eficiência e impessoalidade. Dessa forma, devem existir mecanismos que impeçam qualquer forma de retaliação a quem usa o canal de denúncias, como decorrência do princípio da impessoalidade.

O Código de Conduta e Integridade também deve prever sanções aplicáveis quando houver violações às suas regras, em conformidade com os princípios da moralidade e eficiência.

Por fim, esse parágrafo ainda prevê a necessidade de um treinamento periódico, no mínimo anual, sobre normas do Código de Conduta e Integridade a empregados e administradores, e sobre gestão de riscos aos administradores, em uma visível busca da concretização da eficiência administrativa.

Ainda, o art. 9°, §4°, da Lei das Estatais trata da posição a ser tomada quando o setor de *compliance* suspeitar do envolvimento do diretor-presidente em irregularidades ou quando se furtar a tomar as medidas necessárias no tocante à situação que lhe foi relatada, devendo o setor de *compliance* se reportar diretamente ao Conselho de Administração.

Percebe-se, pois, que a utilização de *compliance* nas empresas estatais também é decorrência nos princípios da Administração Pública, levando em conta que a função primordial desta é buscar o interesse público. Nesse sentido, Galbraith diz que "o bom comportamento das empresas, com regulamentações efetivas, é do maior interesse público" (GALBRAITH, 2004, p. 71).

5 Conclusão

Os princípios básicos das boas práticas de governança corporativa são: transparência, prestação de contas, equidade e responsabilidade, de forma que devem servir de pilares à atuação de todas as sociedades empresárias, indistintamente quanto à sua composição de capital, seja público ou privado (INSTITUTO BRASILEIRO DE GOVERNANÇA CORPORATIVA, 2015).

A participação do Estado na economia brasileira ocorre, primordialmente, por meio das empresas públicas e sociedades de economia mista, espécies do gênero empresas estatais. As empresas públicas são aquelas cujo capital investido é exclusivamente por meio do Estado, enquanto as sociedades de economia mista são aquelas em que há investimento majoritário do Estado, mas também contém capital privado.

Essas empresas estatais, em especial, as sociedades de economia mista, além do escopo de obter resultados econômicos sustentáveis, são ferramentas pelas quais o Estado atua na economia perseguindo o interesse público.

Deve-se salientar que o interesse público não se confunde de maneira alguma com os interesses do governo. Esses últimos, em um Estado Democrático de Direito, tem uma alternância contínua decorrente do direito constitucional ao voto.

Uma das principais celeumas das empresas estatais se dá em virtude da ingerência que sofrem, decorrente de interesses político-partidários em prejuízo ao interesse público, dos investidores e dos demais *stakeholders*.

Várias falhas na gestão das empresas estatais causaram prejuízos consideráveis à economia brasileira, de forma que a adoção de boas práticas de governança corporativa nas estatais é fundamental aos rumos da atividade econômica, credibilidade do mercado de capitais e solidez do sistema financeiro nacional.

A repercussão de mal-feitos em empresas estatais foi tão grande que, em 2016, o Congresso Nacional aprovou a Lei das Estatais. Louvável foi a preocupação do Congresso com a gestão, governança corporativa e *compliance* nas empresas estatais. Estas ocupam papel de destaque na economia nacional, de forma que a Lei das Estatais deve ser analisada com o devido cuidado.

Ocorre que a Lei das Estatais deixou de avançar em diversos pontos, como, por exemplo, não trata da questão da existência e perpetuidade injustificadas de algumas estatais, levando em consideração que o próprio art. 173 da CRFB prevê que essa intervenção do Estado na economia só é permitida quando necessária à segurança nacional ou a relevante interesse coletivo.

A lei poderia ter avançado no sentido de estabelecer a necessidade do Estado reavaliar de forma periódica a necessidade e a conveniência de sua intervenção na economia, com a produção de bens e prestação de serviços por meio das empresas estatais, observando também se os objetivos que motivaram a criação de uma determinada estatal ainda são relevantes e justificam, naquele momento, a intervenção direta do Estado em determinada atividade econômica.

Referida lei também não evita, de forma completa a injustificável, a ingerência governamental na gestão das empresas estatais, com a interferência político-partidária. Porém, deve-se reconhecer que trouxe uma série de inovações, com o escopo de modernizar e adequar as empresas estatais ao mercado competitivo atual. Para isso, utiliza-se de ferramentas da governança corporativa e do *compliance* já utilizadas e com eficácia comprovada em empresas privadas.

A governança corporativa se trata da utilização de práticas de responsabilidade interna nas empresas, com a adoção de mecanismos de gestão sustentáveis, mesmo quando o Estado é o agente econômico.

Nas empresas privadas, não existe uma obrigatoriedade da aplicação de práticas de boa governança corporativa, na realidade, a sanção é aplicada pelo próprio mercado. Em sentido contrário às empresas privadas, nas sociedades de economia mista e empresas públicas, a obediência às práticas de governança corporativa e *compliance* decorrem de lei, em especial, da Lei n. 13.303/2016.

No entanto, tais práticas de boa governança corporativa e *compliance* adotadas nas empresas estatais não devem se limitar àquelas previstas na Lei das Estatais, pois a obediência às boas regras de governança corporativa decorrem, sobretudo, da obediências aos princípios da Administração Pública, insculpidos de forma expressa no art. 37, *caput*, da CRFB de 1988, quais sejam: legalidade, impessoalidade, moralidade, publicidade e eficiência.

Referências

ALEXANDRE, Ricardo; DE DEUS, João. **Direito administrativo esquematizado**. 2. ed. Rio de Janeiro: Forense; São Paulo: Método, 2016.

ALEXY, Robert. **Teoria dos Direitos Fundamentais**. Tradução de Virgílio Afonso da Silva. 2. ed. São Paulo: Malheiros, 2015.

ANDRADE, Arthur Fontes de. **Governança Corporativa nas Empresas Estatais como decorrência dos Princípios da Administração Pública**. Petrópolis: KBR, 2013.

BANDEIRA DE MELLO, Celso Antônio. **Curso de Direito Administrativo**. 26. ed. São Paulo: Malheiros, 2009.

BERTOLDI, Marcelo M.; RIBEIRO, Márcia Carla Pereira. **Curso Avançado de Direito Comercial.** 5. ed. São Paulo: Revista dos Tribunais, 2009.

BETTARELLO, Flávio Campestrin. **Governança Corporativa:** Fundamentos Jurídicos e Regulação. São Paulo: Quartier Latin, 2008.

BRASIL. **Lei 13.303/2016.** Disponível em: <http://www.planalto.gov.br/ccivil_03/_ato2015 2018/2016/lei/l13303.htm>. Acesso em: 30 Dez. 2017.

BRASIL. Ministério do Planejamento, Desenvolvimento e Gestão. Secretaria de Coordenação e Governança das Empresas Estatais. **Perguntas e Respostas:** Lei de Responsabilidade das Estatais. Brasília: MP, 2017.

CANDELORO, Ana Paula P.; RIZZO, Maria Balbina Martins de; PINHO, Vinícius. **Compliance 360º:** riscos, estratégias, conflitos e vaidades no mundo corporativo. São Paulo: Trevisan Editora Universitária, 2012.

CARDOSO, André Gusgow. Governança corporativa, transparência e compliance nas enmpresas estatais: o regime instituído pela Lei 13.303/2016. **Informativo Justen, Pereira, olivcira e Talamini**, Curitiba, n. 116, 2016. Disponível em: <http://www.justen.com.br/pdfs/IE116/IE116-Andre-governan%C3%A7a-e-compliance-empresas-estatais.pdf>. Acesso em: 04 Jan. 2018.

CARVALHO, Matheus. **Manual de Direito Administrativo**. 2. ed. Salvador: Juspodivm, 2015.

CARVALHO FILHO, José dos Santos. **Manual de Direito Administrativo**. 30. ed. São Paulo: Atlas, 2016.

COELHO, Fábio Ulhoa. **Curso de Direito Comercial**: Direito de Empresa. V. 1. 13. ed. São Paulo: Saraiva, 2009.

COELHO, Fábio Ulhoa. **Curso de Direito Comercial**: Direito de empresa. V. 2. 14. ed. São Paulo: Saraiva, 2010.

COMPARATO, Fábio Konder. A reforma da empresa. **Revista e Direito Mercantil, Industrial, Econômico e Financeiro,** São Paulo, n. 50, p. 57-74, abr./jun., 1983.

CRETELA JÚNIOR, José. Os cânones do direito administrativo. **Revista de Informação Legislativa,** Brasília, ano 25, n. 97/5, jan./mar., 1988.

CRETELLA JÚNIOR, José. **Comentários à Constituição de 1988**. Rio de Janeiro: Forense, 1993.

CVM. Comissão de Valores Mobiliários. **Recomendações da CVM sobre governança corporativa**. Rio de Janeiro: CVM, 2002.

DALLARI, Dalmo de Abreu. **Elementos de teoria geral do Estado.** 17. ed. atual e ampl. São Paulo : Saraiva, 1993.

DEMB, A.; NEUBAUER, F. **The Corporate Board:** Confronting the Paradoxes. Oxford: Oxford University Press, 1992.

DI PIETRO, Maria Sylvia Zanella. **Direito Administrativo**. 30. ed. Rio de Janeiro: Forense, 2017.

DINIZ, Maria Helena. **Curso de Direito Civil Brasileiro:** Direito de Empresa. V. 8. 2. ed. reformulada. São Paulo: Saraiva, 2009.

DINIZ, Patrícia Dittrich Ferreira; RIBEIRO, Márcia Carla Pereira. Compliance e Lei Anticorrupção nas Empresas. **Revista de Informação Legislativa**, Brasília, ano 52, n. 205, p. 87-105, jan./mar., 2015.

FAGUNDES, Miguel Seabra. **O Controle dos Atos Administrativos pelo Poder Judiciário**. 5. ed. Rio de Janeiro: Forense, 1979.

FORGIONI, P. A. **Os fundamentos do antitruste**. 4. ed. rev., atual. e ampl. São Paulo: Revista dos Tribunais, 2010.

FRAZÃO, Ana. **A função social das estatais**. Disponível em: <https://jota.info/colunas/constituicao-empresa-e-mercado/a-funcao-social-das-empresas-estatais-19042017>. Acesso em: 03 Set. 2017.

FURTADO, Celso Antunes. **Introdução ao Desenvolvimento:** enfoque histórico-estrutural. 3. ed. São Paulo: Paz e Terra, 2000.

GALBRAITH, John Kenneth. **A economia das fraudes inocentes**. Tradução de Paulo A. Soares Barbosa. São Paulo: Companhia das Letras, 2004.

GRAU, E. R. **A Ordem Econômica na Constituição de 1988**. 6. ed. São Paulo: Malheiros, 2005.

GIL, Antônio Carlos. **Como elaborar projetos de pesquisa**. 4. ed. São Paulo: Atlas, 1995.

IANNI, Octávio. **Estado e planejamento econômico no Brasil**. 5. ed. rev. e atual. Rio de Janeiro: Civilização Brasileira, 1991.

IBGC. Instituto Brasileiro de Governança Corporativa. **Boas práticas de governança corporativa para sociedades de economia mista**. Coordenação de Carlos Velloso. São Paulo: IBGC, 2015.

IBGC. Instituto Brasileiro de Governança Corporativa. **Sociedade de economia mista**. Coordenação de João Laudo de Camargo e Luiz Spinola. São Paul: IBGC, 2015.

IBGC. Instituto Brasileiro de Governança Corporativa. **Código das Melhores Práticas de Governança Corporativa**. 4. ed. São Paulo: IBGC, 2009.

IBGC. Instituto Brasileiro de Governança Corporativa. **Código das Melhores Práticas de Governança Corporativa**. 5. ed. São Paulo: IBGC, 2015.

KEYNES, John Maynard. **A teoria geral do emprego, do juro e da moeda**. São Paulo: Abril Cultural, 1983.

KROS, J.; NADLER, S. The impact of Sarbanes-Oxley on off--balance sheet supply chain activities. **Journal of Business Logistics**, v. 31, n. I, 2010. Disponível em: <http://onlinelibrary.wiley.com/doi/10.1002/j.2158-1592.2010.tb00128.x/full>. Acesso em: 01 Jan. 2018.

LAMY FILHO, Alfredo; PEDREIRA, José Luiz Bulhões. **A lei das S/A**. 3. Ed. Rio de Janeiro: Renovar, 1997.

LARRATE, Marco. **Governança Corporativa e remuneração dos gestores**. São Paulo: Atlas, 2013.

MAGALHÃES, Rodrigo Almeida. A autonomia privada e a função social da empresa. In: FIUZA, César; NAVES, Bruno Torquato de Oliveira; SÁ, Maria de Fátima Freire de (Coord.). **Direito Civil**: Atualidades II. Da autonomia privada nas situações jurídicas patrimoniais e existenciais. Belo Horizonte: Del Rey, 2007. p. 339 – 348.

MAMEDE, Gladston. **Manual de Direito Empresarial**. 8. ed. São Paulo: Atlas, 2013.

MARINELA, Fernanda. **Direito Administrativo**. 9. ed. Niterói: Impetus, 2015.

MEIRELLES, Hely Lopes. **Direito Administrativo Brasileiro**. 19. ed. São Paulo: Malheiros, 1994.

MIRAGEM, Bruno. **Direito Administrativo Aplicado**. 3. ed. São Paulo: Revista dos Tribunais, 2017.

NUNES, Luiz Antônio Rizzatto. **O Princípio Constitucional da Dignidade da Pessoa Humana:** Doutrina e Jurisprudência. São Paulo: Saraiva, 2002.

OCDE. Organização para Cooperação e Desenvolvimento Econômico. **Directrices de la OCDE sobre el Gobierno Corporativo de las Empresas Públicas**. Paris: OCDE, 2015.

OCDE. Organização para Cooperação e Desenvolvimento Econômico. **Princípios de Governo das Sociedades do G20 e da OCDE**. Paris: OCDE, 2016.

PEREIRA, Henrique Viana. **A Função Social da Empresa.** 2010. 123 f. Dissertação (Mestrado) – Programa de Pós-Graduação em Direito, Pontifícia Universidade Católica de Minas Gerais, Belo Horizonte, 2010.

PEREIRA, Henrique Viana; MAGALHÃES, Rodrigo Almeida. **A Função Social da Empresa e o Direito Penal Empresarial.** Belo Horizonte: Arraes Editores, 2014.

PESSOA, Robertonio. **Direito Administrativo.** 3. ed. São Paulo: Revista dos Tribunais, 2013.

PINTO JÚNIOR, Mario Engler. **Empresa Estatal:** função econômica e dilemas societários. 2. ed. São Paulo: Atlas, 2013.

PINTO JÚNIOR, Mario Engler. **O Estado como acionista controlador**. 2009. 200 f. Dissertação (Mestrado) – Universidade Federal de Santa Catarina, Faculdade de Direito, Florianópolis, 2009.

PORTO, Walter Costa. **Coleção Constituições Brasileiras**. 3. ed. V. 4. Brasília: Senado Federal, Coordenação de Edições Técnicas, 2015.

REGIERUNGSKOMMISSION DEUTSCHER CORPORATE GOVERNANCE KODEX. **Deutscher Corporate Governance Kodex.** Frankfurt, 2017. Disponível em: <http://www.ecgi.global/code/german-corporate-governance-code-2017-press-release>. Acesso em: 03 Set. 2017.

SALLES, Leonardo Guimarães. **Criminal Compliance:** a delimitação da responsabilidade penal nas organizações empresariais complexas. 2016. 130 f. Dissertação (Mestrado) – Programa de

Pós-Graduação em Direito, Pontifícia Universidade Católica de Minas Gerais, Belo Horizonte, 2016.

SGARBI, André de Albuquerque. **Modelos de Governança Corporativa e Sociedades de Economia Mista - qual o modelo de Governança mais adequado às sociedades de economia mista?** 2011. 377 f. Dissertação (Mestrado) – Universidade Federal de Minas Gerais, Faculdade de Direito, Belo Horizonte, 2011.

SILVA, André Luiz Carvalhal da. **Governança Corporativa e sucesso empresarial:** melhores práticas para aumentar o valor da firma. 2. ed. São Paulo: Saraiva, 2014.

SILVA, Carlos Eduardo de Souza e. Controle público dos serviços de infra-estrutura. **Cadernos FUNDA,** São Paulo, n. 21, p. 26-43, 1997.

SILVA, Edson Cordeiro da. **Relação com Investidores (RI) e Governança Corporativa nas Empresas**. São Paulo: Atlas, 2012.

SILVEIRA, Alexandre Di Micelli. **Governança Corporativa no Brasil e no Mundo:** Teoria e Prática. 2. ed. Rio de Janeiro: Elsevier, 2015.

SMITH, Adam. **Inquérito sobre a Natureza e as Causas da Riqueza das Nações**. V. 2. Tradução de Luís Cristóvão de Aguiar. 2. ed. Lisboa: Fundação Calouste Gulbenkian, 1989.

TÁCITO, Caio. Regime jurídico das empresas estatais. **Revista de Direito Administrativo**, Rio de Janeiro: RDA, n. 242, p. 85-93, 2005.

TEODORO, Maria Cecília Máximo. **O juiz ativo e os direitos trabalhistas**. São Paulo: LTr, 2011.

THE COMMITTEE ON THE FINANCIAL ASPECTS OF CORPORATE GOVERNANCE AND GEE AND CO. LTD.

Report. Gee: London, 1992. Disponível em: <http://www.ecgi.org/codes/documents/cadbury.pdf>. Acesso em: 18 mar. 2018.

VALENTE, Victor Augusto Estevam. **Direito penal de empresa e criminalidade econômica organizada:** responsabilidade penal das pessoas jurídicas e de seus representantes face aos crimes corporativos. Curitba: Juruá, 2015.

VENÂNCIO FILHO, Alberto. **Intervenção do Estado no domínio econômico**. Rio de Janeiro: Fundação Getúlio Vargas, 1968.

WALD, Arnold. O governo das empresas. **Revista de Direito Bancário, do Mercado de Capitais e da Arbitragem**, São Paulo, n. 15, p. 15-38, 2007.